A construção

de um Estado

para o século XXI

A construção

de um Estado

**Francisco Gaetani
com Miguel Lago**

para o século XXI

República.org Cobogó

Sumário

Apresentação 7
Prefácio 11
Siglas 15

PARTE 1
Desconstruindo cinco mitos sobre o Estado brasileiro

1. O governo *dá algo* em troca 21
   MIGUEL LAGO

2. Mais Brasil, *mais* Brasília 35
   MIGUEL LAGO

3. Funcionários públicos *não* são parasitas 47
   MIGUEL LAGO

4. O Estado *não* deveria ser gerido como uma empresa 55
   MIGUEL LAGO

5. O Brasil *não* tem ministérios demais 67
   MIGUEL LAGO

PARTE 2
Decifrando cinco grandes problemas do Estado brasileiro

6. Construção errática e descontínua da administração brasileira 79
   MIGUEL LAGO

7. Políticas públicas sem lastro ou rastro: Prevalência das políticas de governo sobre as políticas de Estado 97
   MIGUEL LAGO

8. O descontrole dos controladores? 109
FRANCISCO GAETANI

9. A questão do corporativismo: Entender o problema, para buscar soluções 127
FRANCISCO GAETANI

10. A destruição administrativa do governo Bolsonaro 141
MIGUEL LAGO

**PARTE 3
Como construir um Estado do século XXI**

11. Mais diversidade na burocracia 153
MIGUEL LAGO

12. Quem liga para a qualidade do gasto público? 163
FRANCISCO GAETANI

13. Precisamos de um Ministério da Gestão Pública? 175
FRANCISCO GAETANI

14. Não sua nem sangra 189
FRANCISCO GAETANI

15. *Checkout* & *check-in*: Tempo de profissionalizar as transições 201
FRANCISCO GAETANI

16. Com quem governar? A montagem do governo 219
FRANCISCO GAETANI

17. O serviço público ruma para a extinção? 229
FRANCISCO GAETANI

18. Processar conflitos significa desinterditar o futuro e abrir caminhos para o novo 239
FRANCISCO GAETANI

Sobre os autores 251

Apresentação

A crise da democracia e ascensão da extrema direita que temos testemunhado em vários lugares do mundo — entre eles, o Brasil — pode ser explicada por diversos fatores. Há, porém, um fator pouco debatido, ainda que extremamente relevante, que ajuda a explicar o aumento das crises: a perda de legitimidade do Estado, do governo e da administração pública.

O governo tem como papel central representar o povo e garantir, por meio da administração pública, que os cidadãos tenham acesso a seus direitos. Estado, governo e administração pública perdem a legitimidade na medida em que se afastam dos cidadãos, não representam seus interesses, nem são capazes de garantir direitos e prover serviços que supram suas demandas. Essa perda de legitimidade tem sido crescente nas últimas décadas e pode ser vista não apenas pelas pesquisas que mostram a baixa confiança dos cidadãos nas instituições, mas também no próprio crescimento da crise democrática. A lógica de fundo é: se os políticos não representam meus interesses, não garantem meus direitos nem resolvem minhas demandas, como vou acreditar na democracia?

Compreender os problemas (reais) no funcionamento do Estado, do governo e da administração pública se torna, assim, imprescindível para conseguirmos enfrentar essa crise de legitimidade e diminuir os riscos de retrocessos democráticos. Precisamos, no mundo todo, mas especialmente no Brasil, avançar na melhoria do Estado e do governo, como elementos fundamentais para o fortalecimento da nossa democracia. E esse processo demanda diversos esforços.

O primeiro é desconstruir diversas falácias que pairam no senso comum a respeito das instituições estatais. Essas falácias minam a capacidade de diagnósticos mais objetivos, destroem a imagem do Estado e impossibilitam avanços reais. Em segundo lugar, precisamos conhecer nossas instituições por dentro, compreender como funcionam o governo e a administração pública e quais são os reais problemas das nossas instituições. Em terceiro lugar, temos que, a partir desses diagnósticos, pensar em soluções efetivas.

Francisco Gaetani e Miguel Lago dão, aqui, passos imprescindíveis nesse sentido. O livro *A construção de um Estado para o século XXI* é uma obra original e muito bem fundamentada que avança nesses três esforços de forma primorosa. A partir de análises muito profundas, os autores conseguem trazer um panorama bastante rico, mas ao mesmo tempo criativo e propositivo, sobre o que funciona — ou não — nas instituições públicas brasileiras. As discussões se enriquecem pela mistura incomum de um esforço intelectual que Miguel tem feito dialogando com uma ciência política de ponta em conjunto com a vasta experiência prática e reflexiva acumulada por Gaetani nos corredores da Esplanada.

Na primeira parte do livro, os leitores são levados a questionar suas próprias crenças sobre o Estado e o governo. Os autores desconstroem mitos e falácias a respeito das instituições públicas colocando em xeque o senso comum a respeito de como o Estado funciona, o que ele faz, qual o papel e a importância dos servidores públicos e da estrutura governamental.

Na segunda parte, os autores apresentam um profundo diagnóstico da administração pública brasileira, mostrando como se deu sua construção, quais são suas características e como as políticas públicas são feitas. Em seguida, os autores ainda apresentam uma análise bastante crítica — mas necessária — sobre o papel dos órgãos de controle, o corporativismo e os desmontes recentes operados pelo presidente Bolsonaro, num momento em que vimos uma dinâmica de um governo contra o Estado.

Por fim, na terceira parte, os autores fazem proposições bastante criativas para construirmos um Estado alinhado às necessidades do século XXI. Aproveitando-se de uma literatura internacional de ponta e das experiências mais avançadas no mundo, os autores discutem temas centrais como a estrutura de gasto, a profissionalização da administração pública e do funcionalismo e a organização e estruturação do governo.

Tanto o leitor mais leigo como os mais especializados acabarão o livro com uma sensação mista. Por um lado, o sentimento de muito aprendizado e um acúmulo de reflexões e críticas que permitem desconstruir nossos próprios pressupostos. Por outro, o sentimento de que, enquanto sociedade, precisamos de muitos esforços coletivos para fortalecer as instituições. É por isso que o livro se torna uma leitura necessária frente a um desafio gigantesco colocado a essa geração: o de lutar pela democracia. Não existe democracia forte sem um Estado, um governo e uma administração pública fortes, legítimos e responsivos. E Francisco Gaetani e Miguel Lago propõem excelentes elementos, provocações e soluções para esse esforço coletivo.

Gabriela Lotta

Professora de administração pública e governo pela FGV e doutora em Ciência Política pela USP.

Prefácio

No Brasil, o debate público sobre governo é ora técnico demais, ora superficial demais. As publicações acadêmicas são de altíssima qualidade, porém não chegam ao leitor de jornal. O que chega são discussões sobre governo baseadas em senso comum e postulados equivocados sobre o funcionamento da administração pública — um assunto sobre o qual sabemos muito pouco.

Recentemente, surgiu um movimento de publicações por acadêmicos e práticos que discutem administração pública com substância, abrindo uma frente de comunicação com um público maior que o acadêmico. É com o intuito de contribuir para esse movimento que nasceu a ideia deste livro.

Os textos aqui presentes não se encaixam facilmente na tipologia das publicações sobre governo. Trata-se de um conjunto de visões sobre aspectos da relação entre governo e Estado, com ênfase nas temáticas da gestão pública — uma das áreas das políticas públicas menos conhecidas pela sociedade brasileira. Sim, porque as políticas públicas abrangem um conjunto de características que modelam o funcionamento da máquina administrativa federal. Incluem pessoal, modelagem organizacional, planejamento, orçamento, auditoria, controle, compras, contratos, transformação digital e regulação. São sistêmicas, perpassam toda a máquina pública do Executivo federal e afetam a dinâmica do conjunto da administração pública, assim como a qualidade dos serviços prestados à sociedade.

Guilherme Coelho teve a ideia do livro e a trouxe como uma provocação para duas pessoas com experiências opostas de trabalho em relação ao Estado brasileiro. A provocação seria como explicar de maneira simples os grandes desafios da administração e as grandes linhas de ação que um próximo governo deveria adotar.

De um lado, Chico Gaetani, um dos mais prestigiados servidores públicos do país, com quatro décadas de vivência na administração pública, ocupando diferentes chapéus. Chico é oriundo da primeira turma de *gestores* federais — uma carreira criada após o fim da Ditadura Militar com o propósito de profissionalizar a gestão pública no Brasil. Ao longo de sua carreira, ocupou diversas posições na administração direta, tendo exercido o cargo de secretário-executivo de dois importantes ministérios: o do Planejamento e o do Meio Ambiente. Chico também se caracterizou como um importante formador de gestores públicos — ao dirigir a Escola Nacional de Administração Pública (ENAP) e a Fundação João Pinheiro. À carreira de servidor e formador se soma a de acadêmico: Chico é uma das referências intelectuais quando o tema é administração pública, tendo um doutorado no tema pela London School of Economics.

Do outro lado, Miguel Lago, mestre em Administração Pública pela Sciences Po Paris, curso que formou mais de 80% do alto funcionalismo público francês, mas que escolheu trabalhar as políticas públicas sempre de fora do Estado, seja advogando, seja pressionando, seja colaborando com agentes públicos. Cofundador do Meu Rio e do NOSSAS, hoje Miguel dirige o Instituto de Estudos para Políticas de Saúde. Ele leciona regularmente na Universidade de Columbia, em Nova York.

Gaetani e Lago são amigos de longa data e concordam em duas premissas: o Estado brasileiro ainda está por construir-se e o governo atual desmantelou em quatro anos esforços de décadas de profissionalização da administração.

Os textos não apresentam evidências — numa época em que "políticas públicas baseadas em evidências" estão em alta (não era para ter sido sempre assim?). Não contêm dados ("o que você não mede..."). Não possuem referências bibliográficas (sem comentários). Pautam-se pelos problemas, pelo copo meio vazio, porque nos parece mais necessário. São uma leitura fácil para quem se interessa pelos temas, mas estão longe de constituir conhecimento científico sobre o assunto. Nem é essa a pretensão.

O livro traz muitas provocações e, naturalmente, muitas ideias e visões controversas. Este é o propósito. Explicitar visões e contrastá-las com outras. Precisamos aprender a processar os conflitos incubados e mal definidos que bloqueiam os caminhos do desenvolvimento do país. Sem vencermos discussões e virarmos muitas páginas, não só deixaremos de avançar na construção de soluções melhores, como também acumularemos pendências nas dobras do presente, que vão drenando energias e gerando paralisias. Esperamos contribuir para essa finalidade.

Agradecemos o apoio do Instituto República, em particular a Guilherme Coelho, Helena Wajnman e Marcelo Coppola, e a toda a equipe da Cobogó, em particular a nossa editora, Julia Barbosa.

Francisco Gaetani e Miguel Lago

Siglas

Siglas partidárias

PCdoB	Partido Comunista do Brasil
PDT	Partido Democrático Trabalhista
PMDB	Partido do Movimento Democrático Brasileiro
PP	Partido Progressistas
PT	Partido dos Trabalhadores

Outras siglas

AGU	Advocacia-Geral da União
AIR	Análise de Impacto Regulatório
BC	Banco Central do Brasil
BID	Banco Interamericano de Desenvolvimento
CEDAM	Centro de Desenvolvimento da Administração Pública
CGU	Controladoria-Geral da União
CIEP	Centro Integrado de Educação Pública
CLP	Centro de Liderança Pública
CMAP	Conselho de Monitoramento e Avaliação de Políticas Públicas

CMAS	Comitê de Monitoramento de Avaliação de Subsídios da União
CNI	Confederação Nacional da Indústria
CODEVASF	Companhia de Desenvolvimento dos Vales do São Francisco e do Parnaíba
DASP	Departamento Administrativo do Serviço Público
Embrapa	Empresa Brasileira de Pesquisa Agropecuária
ENA	Escola Nacional de Administração [École Nationale d'Administration]
ENAP	Escola Nacional de Administração Pública
FDC	Fundação Dom Cabral
FHC	Fernando Henrique Cardoso
Fiesp	Federação das Indústrias do Estado de São Paulo
Fiocruz	Fundação Oswaldo Cruz
FJP	Fundação João Pinheiro
Funai	Fundação Nacional do Índio
Ibama	Instituto Brasileiro do Meio Ambiente e dos Recursos Naturais Renováveis
ICMBio	Instituto Chico Mendes de Preservação da Biodiversidade
ICMS	Imposto sobre Circulação de Mercadorias e Prestaçãode Serviços
ics	Instituto Clima e Sociedade
IDH	Índice de Desenvolvimento Humano
IEPS	Instituto de Estudos para Políticas de Saúde
II PND	II Plano Nacional de Desenvolvimento
INPE	Instituto Nacional de Pesquisas Espaciais

INSS	Instituto Nacional do Seguro Social
ISS	Imposto sobre Serviços
JK	Juscelino Kubitschek
LAI	Lei de Acesso à Informação
LDO	Lei de Diretrizes Orçamentárias
LINDB	Lei de Introdução às Normas do Direito Brasileiro
MARE	Ministério da Administração e da Reforma do Estado
MPF	Ministério Público Federal
MPOG	Ministério do Planejamento, Orçamento e Gestão
NHS	Serviço Nacional de Saúde [National Health Service]
NPM	Nova Gestão Pública [New Public Management]
OCDE	Organização para a Cooperação e Desenvolvimento Econômico
ONU/UNODC	Escritório das Nações Unidas sobre Drogas e Crime
OPAS	Organização Pan-Americana da Saúde
PAC	Programa de Aceleração do Crescimento
PAEG	Programa de Ação Econômica do Governo
PDRAE	Plano Diretor da Reforma do Aparelho de Estado
PEC	Proposta de Emenda Constitucional
PF	Polícia Federal
PIB	Produto Interno Bruto
PLOA	Projeto de Lei Orçamentária da União
PNUD	Programa das Nações Unidas para o Desenvolvimento
PPA	Plano Plurianual
PSP	Parceria para o Serviço Público

RH	Recursos Humanos
SAF	Secretaria de Administração Federal
SEMOR	Subsecretaria de Modernização e Reforma Administrativa
STF	Supremo Tribunal Federal
STN	Secretaria do Tesouro Nacional
SUS	Sistema Único de Saúde
TCU	Tribunal de Contas da União
UPA	Unidade de Pronto Atendimento
USP	Universidade de São Paulo

PARTE 1

Desconstruindo cinco mitos sobre o Estado brasileiro

1. O governo *dá algo* em troca

O senso comum que se formou nas classes médias urbanas é de que o Brasil é um dos países onde mais se paga impostos, em troca dos quais os cidadãos nada receberiam. É comum ouvir, até mesmo de formadores de opinião, que a carga tributária na Europa se justifica, dado que lá existem serviços públicos de qualidade. Não seria o caso aqui, de modo que a carga que pagamos atualmente não seria justa. Quem nunca ouviu frases como "O Brasil é onde mais se paga imposto no mundo!"; "Se não fosse o tamanho da carga tributária, o Brasil já teria se tornado um país desenvolvido!"; ou, ainda, "Governo não serve pra nada!"?

Esse senso comum se traduz, inclusive, no mobiliário urbano — em algumas cidades, as associações comerciais locais construíram um "impostômetro", uma espécie de placar que vai sendo atualizado com a quantidade de impostos arrecadados. A velocidade com a qual os números se atualizam dá a impressão evidente de que o governo massacra o contribuinte: "Você respirou e já pagou imposto." O pato amarelo da Fiesp (Federação das Indústrias do Estado de São Paulo), que desfilava ostensivamente pelas manifestações contra o governo na época do impeachment de Dilma Rousseff, foi outro símbolo dessa "rebelião dos contribuintes". Essa visão, entretanto, não é corroborada pelos dados do conjunto de países que integram a Organização para a Cooperação e Desenvolvimento Econômico (OCDE). A carga tributária do Brasil é próxima da média das quase quarenta nações que integram a organização, como o México, a Colômbia, o Chile e outros países de renda média.

Por décadas, os jornais cobriram o noticiário sobre políticas públicas, como educação e saúde, enfatizando seus aspectos negativos: "as filas do SUS", "alunos com problemas de alfabetização". A pauta é sempre crítica e é normal que seja, pois o dever do jornalismo é o de cobrar e criticar. Com as previsíveis variações, é assim no mundo inteiro. No entanto, raras são as vezes em que se contextualizam as condições de funcionamento e de financiamento com que essas políticas são implementadas. Os meios não costumam estar à altura dos fins, mas isso não é notícia.

Essa visão de que o governo não faz nada é geralmente comum em quem não usa certos serviços públicos. Quando olhamos a série histórica de avaliações sobre o Sistema Único de Saúde (SUS), vemos que a avaliação negativa se dá muito mais por quem não usa do que por quem usa os serviços com frequência. Em pesquisa do Datafolha de 2019 (período pré-pandêmico), dentre os que avaliavam negativamente o SUS, 68% se declararam como "não usuários" do sistema público. Dentre os que, sim, eram usuários frequentes, a avaliação positiva era superior à negativa (30% contra 26%). Existem várias hipóteses antropológicas e sociológicas que ajudariam a explicar esse curioso dado. O fato, porém, é que essa ideia de que "o governo não serve para nada" é mais forte nas classes médias do que nas classes populares. Contudo, é preciso registrar que, no Brasil, as primeiras evitam o serviço público sempre que podem, enquanto as segundas não têm outra opção. Essa não é a realidade da maioria dos países europeus, que fazem uso regularmente da saúde pública, da educação pública, do transporte público etc. E brigam para que funcionem bem!

Mas, se esse senso comum é inexato, para que, então, serve esse tal de governo? O que estamos dizendo quando falamos "governo"?

O que é esse tal de governo?

Governo é um termo popularmente difundido no Brasil para se referir não ao governo, necessariamente, mas à totalidade do setor público brasileiro. Aqui, neste primeiro momento, para entendermos melhor do que trata o setor público, precisamos fazer algumas definições e distinções entre vários termos que circulam sem que necessariamente saibamos o que cada um significa.

Setor público

Quando falamos em "setor público", nos referimos a tudo aquilo que não é setor privado. São todas as infraestruturas, instituições, serviços e políticas que, em tese, pertencem ao conjunto da população brasileira. Por ser de todos, ele não pode nem ser apropriado por um grupo determinado nem alienar um grupo específico de pessoas. Para garantir, portanto, essa lisura, existe uma série de disposições, regras e princípios que a regem, chamada Direito Público. É, também, função do poder público regular uma série de atividades do setor privado por meio do Código Civil. Cabe ao setor público fazer aplicar as leis que regulam as atividades e as relações privadas.

O público é, portanto, dividido em três grandes grupos, que chamamos de poder: Executivo, Legislativo e Judiciário. O Poder Executivo administra, dispensa e implementa as ações públicas (políticas e serviços públicos, por exemplo). O Poder Legislativo determina as leis que regulam tanto as ações públicas quanto as atividades privadas. Por fim, o Poder Judiciário presta serviços à população para fazer valer as leis e os direitos previstos pelo Legislativo.

As democracias liberais se construíram em torno do princípio de separação e de equilíbrio entre poderes. Se um cidadão se sente lesado por alguma ação do Poder Executivo, ele tem acesso ao Poder Judiciário para processá-lo. Se o Legislativo votar leis inconstitucionais, o Judiciário pode sustar o efeito destas. Se o Executivo está beneficiando um grupo de pessoas em detrimento de outras no orçamento, isso pode ser impedido pelo Legislativo. Um poder tem de limitar os excessos de poder do outro. É comum chefes do Executivo dizerem que os poderes e os órgãos a eles vinculados, como o Tribunal de Contas e o Ministério Público, "não deixam o governo trabalhar". A função dessas instituições é, justamente, a de impedir abusos de poder da Presidência da República.

Governo tem vida curta

Governo não é sinônimo de setor público, mas apenas uma parte dele. Governo se refere ao Poder Executivo, mais especificamente à parte do Poder Executivo que foi eleita pela população. No Brasil, desde o fim da Ditadura Militar (1964-1985), temos eleições livres e diretas para escolher o chefe do Poder Executivo: seja no município, seja no estado ou seja na União. A Presidência da República, uma vez eleita, escolhe uma série de pessoas para integrar seu governo.

São escolhidos os titulares dos ministérios, das secretarias e demais instituições do Poder Executivo. Aqueles que comandam essas instituições, por orientação da Presidência da República, conduzem as estratégias gerais da ação pública. Portanto, governo é sempre aquele que está ocupando esses cargos durante um período determinado de quatro anos, o chamado "governo do dia".

Em uma democracia, o governo é, portanto, pensado para ser sempre efêmero, transitório — os governantes devem se alternar mediante eleições. Mas se o governo tem sempre uma perspectiva curta, de quatro anos, quem, então, assegura a continuidade das ações públicas?

Administração garante a continuidade da ação pública

A democracia é o melhor regime político que podemos ter — ou o menos ruim —, mas ela coloca desafios grandes para a ação pública. Uma delas é como garantir que as eleições não atrapalhem a provisão de serviços e programas dispensados à população. As eleições ocorrem de quatro em quatro anos e funcionam como uma premiação ou uma punição ao incumbente, ou seja, se o presidente fizer um governo que seja bem avaliado, ele aumenta as chances de se reeleger ou apontar um sucessor. Se for um governo mal avaliado, ele aumenta os ricos de perder as eleições. Só que ser bem avaliado na política não necessariamente significa estar promovendo o interesse público.

A avaliação que o eleitorado faz de um governo não é objetiva. Ela pode ser afetada por uma série de outras considerações, como, por exemplo: o carisma do político, a ideologia do eleitor, o benefício transacional para uma parcela da população, entre muitas outras coisas. A chegada das eleições contribui para que os políticos mudem seu comportamento governamental. Esse fenômeno é chamado de ciclo político-eleitoral. A tendência é sempre gastar muito mais dinheiro e jogar os problemas imediatos que requerem ações imediatas para depois das eleições. Políticos se tornam mais demagogos em ano eleitoral. Nesse caso, a eleição — que é um grande bem público — acaba tendo uma influência negativa, pois o curto prazo tende a ser priorizado em relação ao longo prazo. Por isso, a Justiça Eleitoral busca estabelecer regramentos que evitem comportamentos lesivos ao interesse público nos períodos eleitorais.

Existe, também, um segundo problema que as eleições apresentam para o interesse público: a possibilidade de, uma vez assumindo o governo, a liderança eleita acabar com as políticas feitas em governo anterior, não por considerações sobre a qualidade dessas políticas, mas simplesmente por serem associadas à imagem de seu antecessor. Essa é uma péssima prática que existe no Brasil: muitas políticas boas não têm continuidade por serem políticas associadas a um partido ou a algum político. É muito comum, também, políticas serem rebatizadas, de modo que continuem, porém, sob um novo nome associado ao novo governo, por oportunismo político.

É, portanto, importante que o Estado disponha de um corpo de funcionários que seja permanente, independentemente do processo eleitoral. É natural que um governo eleito nomeie para os cargos de direção do Estado quadros técnicos de sua confiança. Contudo há um espaço de direção, destinado para isso. O que não se pode tolerar a cada novo governo é a substituição de toda uma burocracia por outra, formadas por familiares e apaniguados. O setor público precisa ser permeável ao comando político eleito, mas precisa também ser resiliente o suficiente para evitar descontinuidades disruptivas. Não há como termos políticas públicas que funcionem efetivamente ao longo do tempo, se não houver alguma continuidade, mínima que seja, de ações públicas preservadas da turbulência política. A administração pública precisa de institucionalidade, que, por sua vez, depende da compreensão da sociedade para ser assegurada. A blindagem da administração pública das intempéries da política depende de um equilíbrio delicado. De um lado, é legítimo que dirigentes eleitos busquem imprimir sua orientação política à máquina pública. Por outro, a administração pública precisa ser protegida de intervenções políticas que a desabilitem institucionalmente e a desviem de sua finalidade pública. Essa autonomia relativa é dada fundamentalmente por um serviço público profissionalizado, balizado por normas e procedimentos transparentes, aprovados legalmente. Os servidores públicos permanentes, recrutados por procedimentos seletivos republicanos, são a base do Estado moderno e o principal elo de continuidade entre sucessivos governos, juntamente com leis, sistemas e rotinas administrativas.

É fundamental tornar o setor público mais resiliente ao processo eleitoral. Não existe nenhuma possibilidade de termos políticas públicas que funcionem, se não houver alguma continuidade da ação pública, independentemente do governo eleito. Essa função cabe à administração pública. A responsabilidade, no entanto, é da sociedade. Para estar blindada contra o ciclo político-eleitoral, a administração precisa ter algum grau de autonomia do poder político. Ela deve ter recursos assegurados, regras de organização e, sobretudo, pessoas. Pessoas que não mudam a cada quatro anos. Pessoas que não são necessariamente nomeadas pelos governantes eleitos. Essas pessoas se chamam funcionários públicos.

"Dar em troca" dá trabalho

O setor público não é um só, como o termo "governo" faz imaginar. Trata-se de uma constelação complexa de atores, instituições, poderes, regras e pessoas. Contudo, quando dizem que pagamos muitos impostos e o "governo não dá nada em troca", estão se referindo ao setor público, não ao governo de A ou B. Essa visão é tremendamente transacional, pois entende que toda relação deve ser mediada em termos de troca e não de solidariedade, por exemplo. Essa lógica funciona bem na ótica do comércio, em que eu pago por um produto para adquiri-lo, mas, quando se trata de interesse público, o "buraco é mais embaixo".

Por que o setor público produz?

Poderíamos nos perguntar por que, em uma sociedade formada por indivíduos com capacidade e direitos para exercer a livre-

-iniciativa, precisamos de um setor público? Nem o mais anarquista dos liberais é a favor de se abolir completamente o Estado. Quando o direito privado de uma pessoa se choca com o de outra, é necessário que haja um terceiro elemento neutro para arbitrar a disputa e que este proporcione a certeza para ambas as partes de que a resolução da arbitragem será respeitada. De modo que parece impossível encontrar poderes de arbitragem e de polícia que se apliquem a todos de maneira legal sem recorrer a uma entidade pública. Para os liberais mais radicais, o papel do Estado deveria se limitar a isso que chamamos de funções regalianas.[1]

Ainda que fosse apenas para exercer o papel de fazer leis, cumprir o respeito a elas e arbitrar conflitos, o Estado não teria como estruturar esses serviços como o mercado faria. A polícia deve obedecer a uma série de princípios que não seriam exigidos de uma empresa privada de segurança. Um tribunal deve obedecer a uma série de regras e procedimentos que não seriam exigidos de um comitê de arbitragem privado. Não basta prestar um serviço para um cliente e ser pago por ele. Essas instituições públicas buscam atingir mais objetivos e devem seguir processos mais complexos.

---

1. O termo "funções regalianas" deriva do latim — "*regalis*" corresponde a "real" — e significa aquilo que está estreitamente ligado ao exercício da soberania do chefe de Estado. Designa os poderes exclusivos que apenas o soberano pode exercer e sem os quais não há como haver soberania. São funções regalianas as que garantem a segurança externa — Forças Armadas e diplomacia —, a segurança interna — forças policiais e Justiça — e a soberania monetária — a emissão de moeda.

Existem, no entanto, outros entendimentos, entre eles, o de que o setor público deve produzir mais do que apenas as suas funções regalianas. Ele deve organizar uma série de serviços que, dada a escala e o volume, seriam mais bem conduzidos pelo Estado, do ponto de vista econômico, do que por agentes do mercado. Esse é o caso de estruturas universais que atendem à integralidade da população. É o caso de algumas infraestruturas de abastecimento, algumas modalidades de transporte e algumas atividades comuns a todos os cidadãos, como educação e saúde. Sistemas de saúde públicos tendem a ser mais econômicos do que sistemas de saúde privados, pois o próprio pagador controla os custos da atividade, tornando a ação de saúde menos fragmentada e com menos custos de transação.

Portanto, para se ter um ambiente de negócios dinâmico, uma economia de mercado funcional, é importante que o setor público se ocupe de estruturas universais que são mais eficientes, do ponto de vista gerencial, sob sua responsabilidade do que sob a batuta do setor privado. A proteção da concorrência é uma das mais importantes instituições para o bom funcionamento do mercado. Um mercado sem concorrência é um monopólio ou um cartel, que causa prejuízos à sociedade e à economia.

O que é produzido pelo setor público?

O setor público produz, essencialmente, normas, serviços públicos e políticas públicas. As normas são o conjunto de regras que regulamentam as atividades dos indivíduos na sociedade. Essas normas são definidas por diversos agentes públicos: a lei, pelo Congresso, os decretos, pela Presidência da República, as portarias são emitidas pelo ministério.

Os serviços públicos estão disponíveis em uma determinada jurisdição para todos os cidadãos, independentemente de renda, de capacidade física ou de nível de instrução. Eles podem ser prestados diretamente pelo Estado ou mediante contratação de agentes privados. Os serviços podem ser prestados em diversos setores, tais quais: militar, policial, judicial, de proteção ao meio ambiente, abastecimento de água, transporte público, comunicações, eletricidade, educação, saúde, entre outros.

As políticas públicas diferem um pouco dos serviços na medida em que elas são ações que buscam resolver um problema coletivo, ou seja, uma política pública pode acionar uma série de serviços públicos, mas não é exatamente um serviço público. Para a jurista professora da Universidade de São Paulo (USP) Maria Paula Dallari Bucci: "Políticas públicas são programas de ação governamental visando coordenar os meios à disposição do Estado e as atividades privadas, para a realização de objetivos socialmente relevantes e politicamente determinados. Políticas públicas são metas coletivas conscientes e, como tais, um problema de direito público, em sentido lato."

"Governo" faz muita coisa, porém...

Por todas as razões listadas acima, é possível ver que o setor público produz uma série de ações diversas, complexas, com grande multiplicidade de objetos e setores. A pessoa que reclama por pagar impostos e não receber nada em troca não entende que toda a regulação de trânsito quando ele se move é feita pelo setor público, que todas as empadinhas comidas no boteco da esquina passaram (ou deveriam ter passado) por um controle da Vigilância Sanitária, que fiscaliza a higiene dos estabelecimentos comerciais privados, entre tantas outras coisas. A questão, portanto, não é se perguntar se o Estado faz coisas pelo cidadão, mas, sim, perguntar-se quais são aquelas que o Estado deve priorizar e se o Estado as faz bem.

2. Mais Brasil, *mais* Brasília

A frase "Mais Brasil, menos Brasília" foi diversas vezes repetida entre 2014 e 2018 por representantes do empresariado e da sociedade civil organizada, até ser incorporada como slogan e promessa de campanha do presidente Jair Bolsonaro. Ela faz alusão direta ao pacto federativo, isto é, o conjunto de regras e acordos que determinam as competências dos diferentes entes da Federação — governos municipais, governos estaduais e governo federal. Sua lógica é de fácil compreensão: o governo federal absorve muitos recursos e tem uma máquina inchada, enquanto os governos locais ficam com poucos recursos. O correto, de acordo com o slogan, seria inverter essa situação: descentralizar mais os recursos e reduzir o tamanho do governo central.

A promessa da descentralização

As raízes teóricas

A descentralização é um princípio da administração pública que passa a vigorar com mais força ao redor do mundo a partir dos anos 1980. Países europeus historicamente centralizados, como a França e o Reino Unido, começam a discutir como dar cada vez mais autonomia em nível local. As administrações locais deixam de ser apenas tentáculos da capital e transferem-se competências e recursos a novos governos locais eleitos. Esse tema ganha força na medida em que se passam a questionar os cânones da administração pública da época a partir do olhar da eficiência e da modernização da máquina pública. Da mesma maneira que passa a ser importante incorporar técnicas de gestão do setor privado, é importante que se tenha maior proximidade entre decisão de gasto público e execução da política pública.

O princípio do direito público que sustenta essa tese chama-se princípio de subsidiariedade. Sua lógica é definir que competência corresponde a qual nível hierárquico que esteja habilitado a atuar em determinados casos. Assim, quando os cidadãos podem atingir adequadamente seus fins, as autoridades estatais são incompetentes para se intrometer em seus assuntos. Nesse sentido, uma questão deve ser resolvida pela autoridade mais próxima do objeto do problema. O princípio da subsidiariedade é um dos pilares da formação da União Europeia, conforme estabelecido pelo Tratado de Maastricht, assinado em 7 de fevereiro de 1992 e mais tarde conhecido como Tratado da União Europeia.

Oriundo da Doutrina Social da Igreja Católica e transposto para a administração pública, esse princípio coloca a proximidade como um atributo-chave para a condução dos negócios públicos. Em outras palavras, é melhor estar próximo dos problemas das pessoas para resolvê-los. Levando a uma versão caricatural, é mais ágil e eficiente que um problema de buraco de rua seja resolvido diretamente pela prefeitura do que passando pelo governo federal.

Brasil: Uma longa história de centralismo

Nos três séculos de colonização, os vice-reis do Brasil — então nossos dirigentes máximos — não tinham qualquer autonomia em relação aos reis de Portugal. O mesmo ocorria no Império Espanhol, em que os quatro vice-reinados obedeciam cegamente à Coroa de Madri. A partir de 1810, eclodem os movimentos independentistas que fragmentaram esses vice-reinados. Nova Espanha se tornaria o México e os demais países da América Central. Nova Granada se dividiu entre a Venezuela, a Colômbia, o Panamá e o Equador. O vice-reinado do Peru se transformou no Peru e no Chile, ao passo que o vice-reinado da Prata se transformou na Bolívia, no Paraguai e na Argentina. Enquanto nossos vizinhos construíram sua independência desafiando a centralização espanhola, o Brasil se tornava capital do Império Português, com a chegada de dom João VI e toda a corte portuguesa ao Rio de Janeiro. O Brasil se tornou independente conservando a centralização e o Império esmagou todas as tentativas independentistas regionais — no Rio Grande do Sul, em Pernambuco, no Pará, na Bahia, entre outras.

No Império, quase toda a arrecadação era retida na capital, Rio de Janeiro, e muito pouco era redistribuído. O país era literalmente controlado por uma cidade. Os presidentes de províncias (que seriam equivalentes aos nossos estados) eram nomeados pela corte. Com o golpe militar de 1889 que derrubou a monarquia, isso tudo mudou: nos tornamos um Estado federal, as províncias se tornaram estados (passariam a eleger seus chefes do Executivo) os impostos arrecadados neles, neles seriam investidos. Os impostos não seriam mais centralizados e pouco distribuídos. Cada um viveria de acordo com seu próprio sistema tributário.

Com a Revolução de 1930, retorna-se à lógica centralizadora, mas, dessa vez, do século XIX. Foram três os governos de Getúlio: entre 1930-34, quando o governo provisório ditatorial concentrou poderes na capital; entre 1934-37, em regime constitucional (Getúlio foi eleito por eleição indireta); e entre 1937-45, o Estado Novo, firmemente ditatorial. É no Estado Novo que Getúlio aumenta a centralização, passando a nomear os chefes do Executivo dos estados (chamados interventores) e chega a queimar as bandeiras estaduais para simbolizar a unidade e centralidade do "novo" Brasil que está construindo. A partir da Constituição de 1946, os governos subnacionais retomam sua autonomia política e vive-se um breve parêntese com um pouco mais de independência dos governos estaduais e municipais. O golpe de 1964 mudaria radicalmente a política do país, cassando opositores, perseguindo sindicalistas, movimentos sociais e dissidentes, mas retomou a lógica centralizadora semelhante à dos tempos getulistas. Com o advento da Constituição de 1988, prepondera o princípio da descentralização e autonomia dos estados e municípios, só que, dessa vez, ao contrário da Primeira República, com uma lógica distributiva e de solidariedade fiscal entre os entes federados. Foram poucos os períodos, em um século e trinta anos, os de história em que a administração foi gerida de maneira mais descentralizada (1895-1930, 1946-64 e 1985-2022).

O Brasil é, desde 1889, um país que se organiza a partir do federalismo, mas com uma longa tradição de centralização. Nosso federalismo nunca foi — e dificilmente será — semelhante ao que existe nos Estados Unidos da América. O Brasil é um país centralizador, de tradição napoleônica, que decidiu se federalizar, e isso não é um mero detalhe. Na ciência política, o conceito de *path dependence*[2] (dependência de trajetória e de

---

2. *Path dependence* é um conceito da ciência política que designa o fenômeno de inércia no processo de tomada de decisão de atores políticos, ou seja, as decisões tomadas no passado condicionam o processo de tomada de decisão sobre políticas públicas. Significa que um agente político tomar uma decisão muito diferente e destoante das decisões passadas pressupõe um alto custo. Portanto, os incentivos são os de tomar decisões não destoantes das decisões passadas. O *path dependence* é uma boa ferramenta de explicação para entender por que é tão difícil aprovar reformas radicais de políticas públicas.

padrões passados) estipula que decisões anteriores condicionam as possibilidades de decisões do presente. Por maior que seja o desejo presente dos agentes políticos em descentralizar, as condições dessa descentralização estão condicionadas pela longa cultura de centralismo no país.

Na Constituição brasileira, as contradições da descentralização

A teoria de *path dependence* pode nos ajudar a compreender as contradições da descentralização promovida pela Constituição de 1988. Como já falamos anteriormente, é nos anos 1980 que o tema fica em voga, no bojo das discussões de modernização do Estado. Alie-se a discussão internacional com a conjuntura política do Brasil e compreende-se por que os ventos sopraram nessa direção.

O Brasil elegeu Tancredo Neves em 1985 e começou progressivamente a recuperar o regime democrático. A classe política estava marcada pelo trauma compreensível de duas décadas de governos autoritários, violadores de direitos humanos e centralizadores. Os militares nomearam prefeitos e governadores biônicos, quando havia algum risco de a oposição derrotá-los nas urnas. Não foram poucas as eleições indiretas em que bastava um político receber o beneplácito do general presidente da época para ocupar o palácio do governo de seu estado. Foi assim com Paulo Maluf (1978-82) em São Paulo, Aureliano Chaves em

Minas Gerais (1974-78), Marco Maciel em Pernambuco (1978-82), Jarbas Passarinho no Pará (1964-66), entre tantos outros. As decisões eram tomadas em Brasília e transmitidas para os estados e municípios.

A Assembleia Constituinte (1987-88) foi tomada pelo movimento municipalista, que pregava a ampliação das competências em matéria de política pública e autonomia orçamentária para os municípios. A descentralização de recursos foi uma conquista desse movimento: o Imposto sobre Serviços (ISS), que já existia desde 1967, passava a ser recolhido pelo município. Para os governos estaduais, foi criado o Imposto sobre Circulação de Mercadorias e Prestação de Serviços (ICMS). Estados e municípios, que anteriormente dependiam exclusivamente das transferências do governo federal, passavam agora a ter também fontes de recursos próprios.

Se por um lado atribui-se arrecadação própria, por outro transfere-se mais responsabilidades para estados e municípios na prestação de serviços públicos. O movimento municipalista foi tão forte que acabou conseguindo municipalizar a competência do fornecimento e tratamento de águas e esgoto, os cuidados de saúde e a educação infantil e primária, entre outros.

O caso da saúde é emblemático das contradições da Constituinte. Estabeleceu-se um modelo de sistema de saúde de matriz centralizadora, inspirado em um país centralizador como o Reino Unido. Um sistema de saúde — seja público, seja privado —, para funcionar de maneira mais eficiente, precisa integrar os serviços. Isso significa que você faz economias de escala e consegue controlar melhor seus custos, além de gerar incentivos para a melhoria da qualidade e da resolutividade. O SUS foi desenhado pelos sanitaristas para funcionar desse jeito. No entanto, como sua criação se deu em grande parte graças ao movimento municipalista, estabeleceu-se que saúde seria competência do município. Por conseguinte, fragmentaram-se os serviços de saúde, a fim de que os municípios pudessem, eles próprios, ter maior autonomia nos investimentos em saúde. Esse excesso de municipalização cria enorme heterogeneidade na qualidade do serviço prestado — às vezes entre municípios vizinhos — e gera um problema para o sistema como um todo. Quando a prefeitura gere mal a atenção básica, ela enche as filas dos hospitais estaduais. O SUS é um sistema moldado na centralização, mas que foi forçado a se fragmentar de maneira ineficiente pelo municipalismo.

O federalismo desafiado pela realidade

Blame shifting: *O jogo do empurra-empurra*

Esse problema do SUS pode parecer muito abstrato, mas ele se manifestou diante de todos nós durante a pandemia de covid-19, quando assistimos a problemas de coordenação entre governo federal e governo estadual que advêm justamente dessa cultura centralizadora que se choca com a distribuição de competências outorgada pela Constituição. A resposta deliberadamente descoordenada à pandemia de covid-19 ilustra bem a situação da tradição centralizadora. As vontades que a Presidência da República queira exercer plenamente esbarram nas competências de fato que estão nas mãos dos estados e municípios, o que limita a capacidade de ação da Presidência. Portanto, se houver discordância entre os entes, ninguém consegue impor uma política de cima para baixo ao outro. No caso da pandemia foi o confuso arranjo federativo brasileiro que assegurou aos estados a autonomia necessária — assegurada por decisão do Supremo Tribunal Federal — para atuar de forma tempestiva em relação às providências necessárias para o combate à disseminação da covid-19. A paralisia negacionista do Executivo federal foi driblada pelas iniciativas dos estados, liderados por São Paulo.

O modelo brasileiro de federalismo privilegia uma geometria variável que, em tese, favoreceria configurações entre os três níveis distintos, conforme as necessidades das regiões do país. Dessa forma, se esperaria uma presença maior da União na Amazônia e maior força dos municípios no Sul. Na prática, o federalismo vem se mostrando mais predatório que cooperativo, induzindo aqui e ali a fixação de competências por instância de governo, como ocorreu no caso do meio ambiente, com a Lei Complementar nº 140.

Fato é que Bolsonaro não inventou a estratégia de jogar a culpa nos demais governantes. O desenho federativo brasileiro cria essa confusão. Quem é responsável pelas políticas de saúde? A prefeitura, o governo do estado e o governo federal. Quem é responsável pelo abastecimento e pelo tratamento de água? O município. Muitas empresas estatais estaduais, porém, se ocupam desse serviço por opção dos municípios. Nessa falta de limites e competências claras de todos os entes, acontecem dois fenômenos. Por um lado, políticos expandem suas competências e avançam sobre as dos outros quando lhes convém, por outro, se eximem de suas responsabilidades. A construção de hospitais públicos deveria ser dos governos estaduais. No entanto, para colher dividendos eleitorais, muitos prefeitos avançam sobre essa competência e inauguram hospitais próprios, sem ter condições de mantê-los no longo prazo. Por sua vez, ocorre o que na ciência política se chama *blame shifting*: diante de uma situação em que não está claro para o eleitorado a repartição de competências entre entes, um deles se aproveita disso e se desresponsabiliza de falhas, jogando a responsabilidade para outro ente. Na linguagem popular: situação de bola dividida ocasiona muito empurra-empurra entre os jogadores.

Federalismo em números

A ideia de que existia pouco Brasil e muita Brasília é historicamente verdadeira, mas, desde a Constituição de 1988, está longe de ser uma realidade. Ao contrário, o que se viu desde então foi uma expansão das competências, dos orçamentos próprios e das institucionalidades locais. Os municípios deixaram de ser unidades administrativas para se tornarem entes federativos. Em 1950, o Brasil dispunha de 1.889 municípios. No período anterior ao golpe de 1964, esse número cresceu para 2.766. No período final do regime militar, em 1980, chegava-se a 3.991 municípios. Logo após a Constituição, esse número chegou a 4.491 e só estagnou a partir de meados dos anos 1990, com já pouco mais de 5 mil, graças às novas regras estabelecidas no Fundo de Participações dos Municípios (instrumento do governo federal que gere os repasses federais). Além do mais, diversos territórios foram convertidos em estados, e alguns estados se dividiram (caso de Mato Grosso e de Goiás por exemplo), chegando ao número de 26 estados e um Distrito Federal. Cada estado tem seu próprio Tribunal de Justiça, seu Parlamento, sua Constituição, seu Tribunal de Contas, e daí por diante.

Em 2019, no período pré-pandêmico, o total de repasses a estados e municípios foi de 282 bilhões de reais, ou seja, pouco mais de 10% do orçamento total executado pela União. O número parece baixo, mas uma vez que subtraímos os juros e amortizações da dívida (mais de 38%) e a previdência social (mais de 25%), esse número é bem consistente. Lembrando que essas não são as únicas fontes de receitas de estados e municípios, dado que ambos têm impostos próprios que são recolhidos diretamente.

O problema no Brasil, hoje, não é o de falta de recursos para estados e municípios, como o slogan "Mais Brasil, menos Brasília" faz parecer. O problema é a qualidade do investimento.

A falta de administração pública

Hoje, o Brasil tem 5.568 municípios. Isso significa que temos 5.568 prefeitos, que nomeiam milhares de secretários, e 5.568 Câmaras de Vereadores. Para além do custeio de instituições da democracia local, isso implica que cada prefeitura precisa ter uma administração profissionalizada para poder gerir os serviços e políticas públicas pelos quais é responsável.

Ter 5.568 municípios exige que se tenha, por exemplo, 5.568 secretários executivos da Atenção Básica em Saúde dentro de cada secretaria. Ora, como fazer para encontrar esse número tão grande de profissionais capacitados para gerir o que cada município tem como missão fazer?

Se, como veremos nos próximos capítulos, já é difícil recrutar profissionais qualificados para o setor público, esse desafio se torna ainda maior dependendo do tamanho e da localização do ente federativo. Diante da falta de pessoal qualificado para gerir as políticas públicas em nível local, a atuação da União se torna ainda mais importante. Cabe a ela estabelecer estratégias compreensíveis, capacitação de profissionais, guias de implementação e sobretudo protocolos de atendimento e provisão de serviços.

Por essa razão, não há como ter "mais Brasil" com "menos Brasília". É preciso ter "mais e melhor Brasília" para poder se ter "mais e melhor Brasil".

3. Funcionários públicos *não* são parasitas[3]

O governo de Jair Messias Bolsonaro se elegeu com base em um discurso de mudanças profundas na maneira de conduzir a política no país. Entre as várias agendas que se acoplaram ao discurso vencedor, está a da reforma do Estado, capitaneada por Paulo Guedes, principal avalista do ex-capitão na campanha e cobrada por agentes do setor financeiro. A primeira decisão, ainda no governo de transição, foi a de fundir ministérios relacionados à área econômica e colocá-los sob o comando do Ministério da Fazenda, rebatizado como da Economia. A área financeira (Fazenda) passava, então, a gerir também a ordenação de despesas (Planejamento) e, mais grave, a gestão de pessoal. Todas essas áreas reunidas sob a batuta de um inexperiente Paulo Guedes, agora convertido em ministro da Economia, que, *en passant*, extinguiu e incorporou também os ministérios do Capital (Ministério da Indústria e Comércio Exterior) e do Trabalho (Ministério do Trabalho e Emprego).

---

3. Paulo Guedes comparou funcionários públicos a parasitas em palestra na Fundação Getulio Vargas, no dia 7 de fevereiro de 2020.

Construção de uma falácia

Coube, portanto, a Paulo Guedes pensar, formular e gerir o "departamento de pessoal" da União. Nessa condição, para defender a proposta de reforma administrativa, proferiu o seguinte insulto:

O governo tá quebrado, gasta 90% da receita em salários e é obrigado a dar aumento de salário. O funcionalismo teve um aumento de 50% acima da inflação, tem estabilidade de emprego, tem aposentadoria generosa, tem tudo! O hospedeiro tá morrendo, aí vem o parasita, o dinheiro não chega no povo e ele quer aumento. Não dá mais!

A afirmação de que os funcionários são parasitas é grave. Um parasita é um ser cuja única função é sugar as partes de seu hospedeiro. Ele tem um caráter sempre destrutivo. É aquele que se apropria do esforço do outro e o mata paulatinamente.

Essa associação de funcionários públicos a parasitas é uma velha máxima que circula na sociedade e cala fundo em diversos segmentos da população brasileira. Em particular, em setores empresariais ou, ainda, de empreendedorismo, essa associação toma contornos mitológicos. O mito seria de que o Brasil foi construído por empresários, pelas forças produtivas do setor privado, pelo empreendedorismo de nossa gente, enquanto uma casta de pessoas controla a administração, burocratiza os processos e impede que a força empreendedora possa executar. Existe uma marchinha de carnaval de 1952 que traduz esse sentimento:

> Maria Candelária
> É alta funcionária
> Saltou de paraquedas
> Caiu na letra ó, oh, oh, oh, oh
>
> Começa ao meio-dia
> Coitada da Maria
> Trabalha, trabalha, trabalha de fazer dó
> Oh, oh, oh, oh
>
> À uma vai ao dentista
> Às duas vai ao café
> Às três vai à modista
> Às quatro assina o ponto e dá no pé
> Que grande vigarista que ela é[4]

Não há dúvida de que o Brasil é um país que dificulta a agilidade e a simplicidade do ambiente de negócios. Abrir uma empresa no Brasil leva muito mais tempo do que em países como os Estados Unidos. Nossa carga tributária, embora não

---

4. "Maria Candelária" (1952), de Armando Cavalcanti e Klecius Caldas.

seja elevada, é confusa e imprevisível. É o pior dos mundos, pois o imposto nem sequer serve como medida redistributiva e tampouco favorece o empresário. A nossa estrutura tributária termina por penalizar todos. Soma-se a isso a infinita lista de requisitos, protocolos, procedimentos — muitas vezes incompletos e contraditórios — a que os empreendedores devem se submeter. A falta de segurança jurídica, previsibilidade tributária e excesso de papeladas torna, certamente, a vida daqueles que empreendem mais desafiadora.

O desenvolvimento econômico do Brasil contou com a colaboração dos servidores

Embora o Estado brasileiro não crie nem facilite um ambiente dinâmico de negócios, atribuir a ele e ao funcionalismo público um caráter de entrave ao desenvolvimento do país não poderia ser mais enganoso. A história da formação econômica do país é rica em evidências e detalhes quanto à importância do Estado como indutor do desenvolvimento econômico. Até 1930, o Brasil vivia sob o mantra do *laissez-faire*, de que o governo pouco deveria intervir na atividade econômica. O resultado dessa política de décadas foi a dependência do país a um único produto agrícola: o café. A partir de 1930, começa a política de substituição de exportações e a economia do país passa, pouco a pouco, a se diversificar. Serão décadas para um desenvolvimento industrial do país, sempre fortemente induzido pela União — seja no Estado Novo, no período da Democracia Populista (1946-64), seja na Ditadura Militar.

A industrialização do país, em particular a indústria pesada, começa a partir da criação de uma estatal, a Companhia Siderúrgica Nacional (csn), em 1942. A indústria petroquímica do país tem como modelo propulsor o monopólio estatal do petróleo, por meio da Petrobras. O Banco Nacional de Desenvolvimento Econômico (bnde) e o Banco do Brasil exerceram o papel de indutores do mercado financeiro. Até mesmo a nossa política agrícola se beneficiou da política de subsídios do governo — seus ganhos de produtividade se originam de inovações tecnológicas promovidas e propagadas por outra estatal, a Empresa Brasileira de Pesquisa Agropecuária (Embrapa). O Ministério das Relações Exteriores se comportou tradicionalmente mais como Ministério do Comércio Exterior — abrindo espaços e oportunidades de negócios para o empresariado brasileiro — do que como promotor de uma política externa. A mineração de grande escala tomou outro patamar, graças a outra estatal, a Vale do Rio Doce. O ano de 1930 é o ponto de inflexão de um país praticamente monocultor para um país moderadamente industrializado, com um setor de serviços e setor financeiro fortes e, sobretudo, uma potência agrícola. O desenvolvimento do país não se deve exclusivamente às forças produtivas e empresariais. Ele foi induzido, planejado e em grande parte executado por uma série de políticas de governos e de empresas estatais. Embora não seja possível adivinhar no que o Brasil teria se transformado caso o Estado não tivesse começado a estimular diretamente o desenvolvimento econômico a partir de 1930, é difícil imaginar como o Brasil teria conseguido dar uma guinada no seu *path dependence*. Um país cujas política e economia eram completamente dominadas por uma elite agrária de apenas um canto do país, avessa à modernidade. Se pensarmos na baixíssima capacidade de arrecadação do Estado brasileiro, de um federalismo que praticamente condenava os estados pobres a permanecer sempre pobres, é de admirar que o Brasil tenha se transformado. De modo que, se tivéssemos seguido o mito *ipsis litteris* — tirando o Estado da frente de quem empreende —, é muito possível que o Brasil fosse, hoje, uma república bananeira em escala continental.

O peso do funcionalismo: O que dizem os dados?

Para além do papel decisivo do funcionalismo na história do desenvolvimento econômico do país, cabe destacar que só existe Estado administrativo graças ao funcionalismo. A afirmação de que funcionários ganham mais no setor público do que no setor privado é real para algumas funções. No entanto, até mesmo no funcionalismo existe muita desigualdade.

De acordo com o Atlas do Estado Brasileiro, a diferença dos salários médios por unidade federativa aumentou significativamente. Em 1985, o salário médio na União era próximo de 4 mil reais, enquanto no nível estadual seria de cerca de 2,5 mil reais e no nível municipal de 1,5 mil reais. Hoje, essa diferença aumentou a ponto de os servidores da União receberem o dobro dos servidores estaduais e mais de três vezes o que recebem os municipais. Em 2019, o salário médio na União era superior a 10 mil reais mensais, enquanto nos estados se aproximava dos 5 mil reais e nos municípios, de cerca de 3 mil reais. O salário médio dos servidores municipais é próximo do salário médio do brasileiro com carteira assinada. Em 2014, o salário médio do servidor municipal era de 2,7 mil reais, enquanto o de quem tinha carteira assinada era de cerca de 1.700 reais.

Se fizermos uma estratificação por poder, fica ainda mais claro de onde vêm os salários que puxam a média da função pública para cima. Em 2019, o salário médio do Poder Judiciário era de 12,12 mil reais, o dobro do salário médio no Legislativo — de 6 mil reais — e três vezes o do Poder Executivo — de 4 mil reais. No nível federal, o salário médio do Judiciário era superior a 15 mil reais, enquanto o salário médio de um servidor municipal do Poder Executivo (funcionário de prefeitura) era somente de 2,7 mil reais.

A imensa maioria dos servidores trabalha para o Poder Executivo. Em 2019, analisando todos os vínculos da função pública, temos: cerca de 10,23 milhões de pessoas trabalhavam no Executivo, 305 mil no Legislativo e 360 mil no Judiciário. Se olharmos para o Poder Executivo, vemos que a União conta com pouco menos de 1 milhão de servidores, enquanto os estados têm mais de 3 milhões e os municípios chegam a cerca de 6,35 milhões.

Quando se diz que os funcionários públicos ganham muito, estamos normalmente nos referindo apenas a uma parcela pequena do funcionalismo, em geral de nível federal e localizada no Poder Judiciário. Quais funcionários são os "parasitas"? Quando Guedes se refere a todos, ele está fazendo uma generalização injusta e que não corresponde nem de perto à realidade.

Os funcionários têm estabilidade. Mas será que todos esses mais de 11,5 milhões de funcionários têm essa tal de estabilidade? Apenas os servidores estatutários têm estabilidade na carreira. Eles representam a grande maioria do funcionalismo, mas não sua totalidade. Em 2019, cerca de 10 milhões eram estatutários, cerca de 850 mil eram temporários e cerca de 550 mil, celetistas (sob a égide da Consolidação das Leis do Trabalho — CLT).

Quando pensamos em 11,5 milhões parece muito, mas em termos comparativos, o Brasil tem poucos funcionários. A relação entre o número de funcionários públicos e a população no Brasil (5,6%) é mais alta que a média latino-americana (4,4%), mas inferior à dos países da OCDE (9,5%). Não há, de maneira alguma, excesso de servidores no Brasil. O mito de que funcionários públicos são excessivos e parasitas nada mais é do que demagogia barata. Também é demagogia barata dizer que o funcionalismo é extraordinário e não tem graves defeitos, como veremos mais particularmente nos próximos capítulos.

4. O Estado *não* deveria ser gerido como uma empresa

A resposta automática que o senso comum traz para as falhas do Estado é dizer que ele deveria ser gerido como uma empresa. Todo mundo já ouviu isso. A ideia estava presente, inclusive, nos spots publicitários do partido NOVO, à época de sua fundação, em meados da década passada. Mas o que isso significa? Primeiro, que o Estado não consegue entregar serviços à população por uma questão de gestão, ou seja, a administração pública não funciona. Segundo, que as empresas são sempre eficientes. Seguindo essa lógica, bastaria trocar a gestão pública pela gestão privada.

Diferenças fundamentais entre gestão pública e gestão privada

A gestão pública e a gestão privada partem de fundamentos muito diferentes. Existem muito mais diferenças entre elas do que semelhanças. A seguir, analisaremos as principais diferenças.

Diferença de temporalidade

Todos que trabalham no setor privado sabem que as empresas privadas estão sujeitas a falência. O grande medo de um empreendedor é a falência, pois ela significa a "morte" de uma empresa. Para a entidade jurídica, o número de CNPJ pode simplesmente acabar. Por essa razão, o objetivo de sobrevivência é crucial no setor privado. É necessário traçar os objetivos com o propósito de que o negócio seja sempre sustentável. Ora, a concorrência, o desempenho e, às vezes, a regulação a que é submetida podem ser fatores determinantes, que condicionam a própria existência da empresa. Essa preocupação constante tem obrigado as empresas a ter um controle constante de custos e da relação entre receita e endividamento. A empresa privada é finita, ela é "mortal". O Estado, não.

O setor público não tem a possibilidade de simplesmente acabar. Ele não tem qualquer relação organizacional com a finitude. Uma empresa pública deficitária será resgatada pelo Estado. Uma administração deficitária terá simplesmente de realocar recursos ou trazer novos. O endividamento do Estado pode levar a uma crise econômica do país, mas nunca levará à morte do Estado. Portanto, se endividar no setor público e no setor privado tem significações totalmente diferentes. Por ser "eterno", o Estado não tem o risco de falência, o risco de "morte organizacional" introjetado na sua gestão.

Diferença de princípios fundamentais

O Estado não é finito. Enquanto existir arrecadação de impostos, seguirá existindo um Estado, por mais mínimo que ele possa vir a ser. E as características fundamentais de estabilidade e continuidade se devem justamente à necessidade de gerir o interesse público — que é de toda a população e atravessa gerações. O Estado gerencia a solidariedade entre gerações: a previdência social pública é um exemplo. As gerações que trabalham pagam a previdência dos que estão aposentados. O princípio do Estado é o de atender ao interesse público.

No mercado, a realidade é totalmente diferente. O princípio fundamental deve ser o da rentabilidade, o de gerar lucro. Os executivos de uma empresa que não busquem maximizar suas possibilidades de lucro estarão faltando com a sua máxima responsabilidade. Lucro é tangenciável, fácil de entender, é mensurável. Para obter lucro, basta que uma empresa siga as regulações para seu ramo de atividade, respeite as leis gerais do país, e o resto depende de como ajustar sua capacidade de produção de receita com sua estrutura de custos. O poder de agência é muito maior do que no setor público.

O interesse público, por sua vez, é extremamente complexo. Não há como mensurá-lo. O que é interesse público para uns não é para outros. A regulamentação do interesse público e as regras a que está submetida a administração são infinitamente mais pesadas e paralisantes do que as que regulam o setor privado.

Os princípios e objetivos máximos dos setores público e privado são radicalmente diferentes. É infinitamente mais fácil e mais ágil, portanto, gerir uma empresa privada do que uma repartição pública. Não há dúvida de que o setor privado é mais ágil — ele sempre será, pois tem muito menos condicionantes e disputas associadas à sua atividade.

Planejamento e controle

A agilidade do setor privado se percebe na maneira como as empresas conseguem controlar muito melhor seu desempenho e seus resultados do que as repartições públicas. Elas também têm maior agilidade no planejamento, podendo ajustar diferentes cenários de curto, médio e longo prazos. O orçamento das instituições públicas segue um rito bem diferente. Um Plano Plurianual de quatro anos é traçado no início de cada mandato, submetido ao Congresso, da mesma maneira que o orçamento anual também deve ser aprovado pelo Legislativo. A flexibilidade no manejo do orçamento é muito menor.

O Estado é feito de muita coisa, inclusive de empresas

O setor público, como vimos no primeiro capítulo, é um emaranhado de atores. Se olharmos para a administração pública federal, vemos que também tratamos de um emaranhado de agentes. Podemos dividir a administração pública entre direta — composta por órgãos diretamente ligados aos entes federativos — e indireta, por órgãos autônomos que têm CNPJ próprio, mas que estão sob controle do Estado.

A administração pública direta no nível federal abarca, por exemplo, a Presidência da República, os ministérios e as secretarias, o Congresso Nacional e o Supremo Tribunal Federal (STF). No nível estadual, o governo estadual e suas secretarias estaduais, bem como a Assembleia Legislativa, o Ministério Público Estadual, o Tribunal de Justiça. No nível municipal, a prefeitura, suas secretarias municipais, a Câmara dos Vereadores e a Procuradoria-Geral do Município.

A administração pública indireta está composta por uma série de diferentes agentes. Poderíamos dividir em quatro grandes categorias: autarquias, fundações públicas, empresas públicas e sociedades de economia mista. As autarquias dispõem de autonomia administrativa e financeira, mas sua atividade-fim é de interesse público, portanto, elas estão sujeitas ao controle do Estado. As agências reguladoras são um exemplo, mas é também o caso do Banco Central do Brasil (BC) e do Instituto Nacional de Seguro Social (INSS). As fundações públicas, ao contrário da autarquia, podem ser organizações de direito público ou privado, desde que o fim seja de interesse público. Um bom exemplo é a Fundação Nacional do Índio (Funai) . As empresas públicas são pessoas jurídicas de direito privado, administradas pelo poder público. Os Correios são um exemplo de empresa pública no Brasil. Por fim, as sociedades de economia mista foram criadas sob a forma de sociedade anônima e compostas por capital público e capital privado. A maior parte das ações dessas empresas é do Estado. Assim como as empresas públicas, prestam serviços públicos e exercem atividades econômicas. Um exemplo é a Petrobras.

O dinheiro das estatais não é o mesmo dinheiro que o de um ministério

Quando falamos de gestão pública, precisamos entender melhor como funciona o orçamento do setor público. Ele é a principal peça de planejamento e de controle da administração pública. Diferentemente do setor privado, existe muita regulamentação a respeito das etapas de formulação, aprovação e execução orçamentária.

Se uma empresa possui um precatório da União e também uma dívida com a Caixa Econômica Federal, um não anula o outro. Fica parecendo que, por tudo ser dinheiro "do governo", tudo seria a mesma coisa, mas não é. A Caixa é uma empresa estatal, e o precatório está na alçada do Tesouro Nacional, órgão da administração direta. Cada um tem um orçamento, forma de gestão e controle diferentes. Não se trata da mesma "boca do caixa". A Constituição Federal traça bem as diferenças entre os distintos orçamentos:

Artigo 165, Constituição Federal:

§ 5º A lei orçamentária anual compreenderá:

I — o orçamento fiscal referente aos Poderes da União, seus fundos, órgãos e entidades da administração direta e indireta, inclusive fundações instituídas e mantidas pelo poder público;

II — o orçamento de investimento das empresas em que a União, direta ou indiretamente, detenha a maioria do capital social com direito a voto;

III — o orçamento da seguridade social, abrangendo todas as entidades e órgãos a ela vinculados, da administração direta ou indireta, bem como os fundos e fundações instituídos e mantidos pelo poder público.

O processo de aprovação orçamentária no setor público é muito mais rígido do que no setor privado. Basicamente, tudo o que entra e sai do caixa dos três poderes da União precisa estar previsto em lei e deve ser fiscalizado pelo Congresso Nacional. A primeira disposição orçamentária é o Plano Plurianual (PPA), que, a cada quatro anos, é submetido e votado. Ele serve de base para a Lei de Diretrizes Orçamentárias (LDO), que fixa as grandes direções para o ano seguinte. Com base na LDO, é feito, aí, sim, o Projeto de Lei Orçamentária da União (PLOA), além dos créditos adicionais. Cabe ao Executivo enviar as propostas ao Congresso no ano prévio à sua execução. Elas são alteradas e votadas pelos deputados e senadores na Comissão Mista de Orçamento e em uma sessão conjunta das duas Casas. Cabe ao presidente da República sancioná-lo. A partir daí, os recursos são liberados pelo Executivo.

O processo de compras da administração difere muito dos processos privados. Existe muita regulamentação referente a preço e necessidade real que é regida pela Lei nº 8.666/1993. A administração, por ter de seguir essa série de regulamentações, acaba demorando para substituir equipamentos danificados ou precisa escolher produtos de menor qualidade por serem mais baratos, e daí por diante. O processo de compra atravanca a agilidade da administração. Cabe destacar que a Nova Lei de Licitações (Lei nº 14.133/2021), promulgada recentemente, traz mudanças importantes à Lei nº 8.666 e prevê dispositivos próprios para as empresas públicas. Sua aplicação nos próximos anos permitirá que entendamos seu impacto na gestão pública.

Embora sejam diferentes, o setor público ganha ao aprender com o setor privado e vice-versa. O setor privado foi capaz de montar ferramentas de gestão, controle e avaliação muito eficientes com os quais o setor público pode — e deve — aprender. O fato de não serem a mesma coisa e de o Estado não poder ser gerido como o setor privado não significa que não possa haver aprendizado com o setor privado. Ao contrário, a inovação nas ferramentas de gestão aconteceu no setor privado, muito mais do que no público. O setor privado pode ser fonte de aprendizado para um mundo que requer cada vez mais agilidade, flexibilidade e capacidade de adaptação. Então qual é o limite do que o Estado pode aprender com o setor privado?

Os limites da Nova Gestão Pública

Nos anos 1980, surgiu no mundo anglo-saxão a Nova Gestão Pública (New Public Management — NPM), uma nova corrente de pensamento na gestão pública que visa a incorporar as metodologias e os processos do setor privado no setor público. Nessa lógica, cidadãos passam a ser percebidos como consumidores a quem devemos servir com qualidade e eficiência, e proporcionar uma experiência agradável.

Da gestão populacional passa-se a uma gestão, em tese, com maior cuidado com o recipiente dos serviços públicos. A política pública é dividida em dois níveis. O primeiro, o da pilotagem, isto é, a definição da estratégia e dos objetivos da ação pública. O segundo, o da execução, isto é, a implementação e manutenção dos serviços, a tomada de decisão operacional.

A NPM considera que não cabe à administração se ocupar do segundo nível. Cabe ao poder político determinar a pilotagem e em seguida, seguindo o princípio de subsidiariedade,[5] distribuir e fiscalizar sua execução. Em geral, ficaria incumbida uma entidade autônoma que participasse da própria execução. Por conseguinte, seria possível realizar um melhor controle dos custos, uma melhor aferição do custo/benefício das políticas e reduzir o peso do funcionalismo nas decisões orçamentárias.

---

5. Princípio de subsidiariedade — ver Capítulo 2, p. 36.

Por exemplo, a prefeitura define os objetivos da política de saúde do município, entretanto, ela faz um contrato de gestão de equipamentos de saúde (clínicas da família) com uma organização social (os, uma entidade privada). Na prática, isso significa que a prefeitura irá determinar no contrato qual remuneração será fixada mediante o cumprimento de metas. Uma grande vantagem é que o governo delega a questão de recursos humanos (rh) para um ente separado, e, portanto, a remuneração dos médicos, o controle de horas dos recursos humanos, a compra de material médico ficam integralmente a cargo da organização social. Os profissionais de saúde prestam serviço ao município por meio da os, mas não são funcionários (e, portanto, não precisam ser aplicadas as regras de plano de cargos e salários, tampouco o regime previdenciário do setor público).

Essa contribuição foi muito importante, pois permitiu separar melhor os níveis das políticas públicas (de fato, a mistura excessiva dos dois pode ocasionar uma captura da pilotagem por parte dos executores), tornando o Estado contemporâneo mais poroso à colaboração com o setor privado e o terceiro setor. A npm buscou inculcar uma cultura de resultado que faltava no setor público. Existem casos de sucesso de gestão privada de equipamentos públicos no mundo. Quais os limites da npm?

Quando saímos dos casos de sucesso e olhamos para o governo como um todo, a npm contribuiu para quebrar a noção de Estado unitário que funciona de forma rígida e centralizada.

Não obstante, ela também contribuiu para um aumento da politização na máquina pública. A regulação cabia, antes, ao ministério e era criticada por ser "ineficiente". Na sequência, passou a ser feita por autarquias, as agências reguladoras. A nomeação dos titulares das agências no Brasil — e não apenas deles — muitas vezes acabou seguindo uma lógica partidária ou pior — uma lógica de lobby do setor que deveria ser fiscalizado. A ANS, cuja missão é fiscalizar os planos de saúde, sempre teve entre seus diretores pelo menos um advogado de plano de saúde.

Vários países implementaram reformas administrativas inspiradas pela NPM, mas talvez seja o Reino Unido o mais completo caso de NPM no mundo. A NPM começou a ser implementada pela premiê Margaret Thatcher (1979-90), seu sucessor, John Major (1990-97), deu continuidade ao processo e o oposicionista Tony Blair (1997-2008) o aprofundou. Direita e esquerda aplicaram essa receita e o saldo, hoje, é tremendamente questionável. O Reino Unido possuía uma das mais competentes, estruturadas e apartidárias administrações do mundo. A NPM a desmantelou por completo e sobraram poucos resquícios e nichos de excelência. Em todas as áreas, a qualidade do serviço entregue caiu. O tão louvado Serviço Nacional de Saúde (National Health Service — NHS), inspiração para o SUS, é uma versão muito piorada do sistema que existia nos anos 1970. A desigualdade cresceu e o acesso a serviços públicos se tornou cada vez mais raro. Tanto conservadores quanto trabalhistas aproveitaram a brecha e ocorreu uma disseminação da modalidade de contratações. Os partidos aproveitaram as reformas para aparelhar a máquina pública.

A experiência da NPM mostra que, embora a administração pública possa incorporar algumas ferramentas de gestão do setor privado, não deveria abrir mão de buscar a administração direta do interesse público.

5. O Brasil *não* tem ministérios demais

Existe um mantra de que o Brasil tem ministérios demais. Reduzir o número total foi promessa de campanha de vários candidatos, e alguns de fato implementaram uma redução, como Fernando Collor e Jair Bolsonaro. Esse mantra tem valor político, e aquele que reduz o número de secretarias municipais, secretarias estaduais ou ministérios é percebido como um bom gestor, preocupado com o equilíbrio fiscal.

O Brasil tem muitos ministérios? Sim e não. Hoje, temos 23 pastas ministeriais. No governo Dilma, eram 35. Mas o que significa ter ministérios demais? A questão central não é se temos um número grande ou pequeno de ministérios. A pergunta é se temos ministérios suficientes ou ministérios demais. Quando se diz que se tem demais é porque em algum lugar está sobrando, é supérfluo, não é necessário. Afinal, para que serve um ministério?

Os diferentes tipos de ministério

Quando pensamos nos diferentes tipos de ministério, faz sentido dividi-la em três grandes categorias: ministérios régios, ministérios-meio e ministérios finalísticos. Os ministérios régios são aqueles essenciais para a garantia da soberania nacional — tratam, portanto, de funções estatais básicas para a própria existência do Estado. Graças a eles, pode se garantir que o Estado seja soberano. Na prática, são funções regalianas: fazer cumprir a lei, defender as fronteiras e a garantia da ordem. Por isso mesmo, esse tipo de ministério data dos primórdios da fundação do Estado moderno (a partir do século XVII).

No Brasil imperial, o sistema era parlamentarista e o Executivo dispunha de pouquíssimos ministérios — eram essencialmente o presidente do conselho (equivalente a primeiro--ministro), os ministérios da Fazenda, da Justiça, das Relações Exteriores, da Guerra e da Marinha, ou seja, com exceção do primeiro-ministro e do ministro da Fazenda, os demais cumpriam funções regalianas: Justiça — lei e ordem —, Exteriores — representação externa do país — e Forças Armadas — proteção por terra e mar. Os ministérios régios, hoje em dia, podem ser considerados os seguintes: Ministério da Defesa, Ministério das Relações Exteriores e Ministério da Justiça.

Os ministérios-meio são um pouco menos antigos do que os régios, mas eles são essenciais para o funcionamento da máquina pública e, por conseguinte, surgiram na esteira dos ministérios régios. O Ministério da Fazenda, o Ministério do Planejamento, o Ministério da Casa Civil, a Controladoria-Geral da União (CGU), a Advocacia-Geral da União (AGU), o Gabinete de Segurança ou, ainda, o antigo Ministério da Administração

— são eles que garantem que o Estado funcione enquanto ente próprio, que esteja financiado e seus servidores trabalhando em boas condições. São atividades sistêmicas que perpassam o conjunto da administração pública federal.

Os ministérios finalísticos são os mais recentes e decorrem da expansão da política econômica e social pilotada a partir do Estado. No Brasil, o primeiro é o Ministério da Agricultura, criado ainda sob o Império, em 1860. Contudo, somente a partir de 1930, o país passaria a ter um número mais relevante de ministérios finalísticos, com a criação dos ministérios do Trabalho, da Educação, da Cultura e da Saúde. São ministérios finalísticos os seguintes: ministérios da Ciência e Tecnologia, da Agricultura, da Cidadania, das Comunicações, do Desenvolvimento Regional, da Educação, do Trabalho, do Meio Ambiente, da Infraestrutura, de Minas e Energia, dos Direitos Humanos, da Saúde e do Turismo. Em suma, são finalísticos aqueles que tratam de políticas públicas que atendem diretamente aos segmentos econômicos e aos estratos da população.

O "excesso" de ministérios

A surpresa com a quantidade de ministérios que o Brasil tinha no passado não difere tanto do que ocorre no restante do mundo. Será que só países subdesenvolvidos têm muitos ministérios? Ou será que é por causa da extensão geográfica?

Ou, ainda, o tamanho da população? Não existe um critério objetivo. Varia de país para país. Existem países desenvolvidos com muitos ministérios e países subdesenvolvidos com poucos ministérios. O Canadá, por exemplo, tem mais de trinta ministérios e é um dos países com o Índice de Desenvolvimento Humano (IDH) mais alto do mundo. A França, que é um país territorialmente pequeno, também tem cerca de trinta ministérios. A Austrália tem uma população equivalente à da região metropolitana de São Paulo e tem cerca de trinta ministérios. A Índia, com uma população enorme, a maior democracia do mundo, tem cerca de cem ministérios.

A ideia de que se deve cortar na "própria carne", ou seja, reduzir o tamanho do custo administrativo ao máximo para aumentar o espaço no orçamento para investimento, é uma noção que foi inculcada pelo setor privado. Ela é bem-vinda para qualquer gestor: ter menos gastos com funcionários faria com que sobrasse mais recursos para o investimento. Quando, porém, o serviço público em si depende da existência de um grande número de funcionários (por exemplo, caso da educação e da saúde)? Como pilotar políticas eficientes, se temos ministérios com poucos funcionários, nomeados por políticos e incompetentes para o cargo? O "cortar na própria carne" não significa para o setor público o mesmo que para o setor privado.

Diante das contínuas críticas que as administrações petistas recebiam por ter um número superior a trinta ministérios, logo após o impeachment de Dilma Rousseff, o vice-presidente, Michel Temer, quis cultivar a imagem de bom gestor. Seu primeiro ato foi o de trocar o ministério e reduzir substancialmente o número de pastas, passando de 32 para 23. Ele transformou uma série de ministérios em secretarias e as incorporou aos de ministérios maiores. Se economia de gastos houve, ela foi pequena. O que importava, que era mudar a velha prática política de usar os ministérios como fonte de barganha para ter apoio no Legislativo, não ocorreu. O PT, basicamente, privatizou ministérios inteiros e os entregou de porteira fechada ao PP, PMDB, entre outros partidos fisiológicos. Temer fez o mesmo, seguindo com o que havia de pior no Congresso Federal, em termos de lisura administrativa. Assim, foi montado um ministério composto de muita gente de probidade duvidosa.

O governo Bolsonaro, de início, mudou um pouco essa prática. Nomeou pessoas extremamente incompetentes e ideológicas, mas não em favor da negociação com o Parlamento, e sim em favor de promover as mudanças que ele havia prometido e para as quais foi eleito. Os ministérios foram entregues a celebridades e ideólogos da extrema direita, e não a técnicos. Bolsonaro reduziu ainda mais, acabando completamente com ministérios da maior importância, como Cultura, Planejamento, Desenvolvimento e Trabalho. Um indivíduo sem qualquer experiência relevante no setor público se transformou no mais poderoso ministro da Economia da história. O Ministério da Fazenda passou a incorporar as pastas do Planejamento, da Previdência Social, do Desenvolvimento, Indústria e Comércio Exterior, e do Trabalho, transformando-as em secretarias, e passou a se chamar Ministério da Economia.

Afinal, qual o problema de transformar um ministério em secretaria? Concretamente muda alguma coisa? Muda. As secretarias são subseções dentro de um ministério, portanto, são hierarquicamente inferiores. Não cabe ao secretário despachar como presidente da República. O titular da secretaria, via de regra, não possui interlocução com os titulares de ministérios. A principal diferença, portanto, é de poder político. Um secretário não tem o mesmo poder de negociação que um ministro.

É claro que pode haver continuidade de políticas, mesmo com o ministério tendo sido incorporado a outro. A questão, porém, precede esta. O ministério exerce dois políticos fundamentais, que impactam diretamente a qualidade administrativa da gestão.

A função política dos ministérios

Na prática, a redução de ministérios não necessariamente resulta em economia de despesas, mas certamente impacta a qualidade de gestão (dependendo, evidentemente, do ministério que é cortado — não é possível comparar Ministério da Pesca com Ministério do Planejamento). A função política dos ministérios é dupla. Por um lado, ela cumpre uma função externa, na relação entre sociedade e Estado, a de construir um *locus* de disputa política para a sociedade. Isso significa criar um espaço de reivindicação para o assunto designado pelo ministério para atores da sociedade. Por outro, ela constitui internamente o necessário equilíbrio de poderes entre ministérios. A atuação da política econômica do governo Bolsonaro teria sido certamente mais exitosa se houvesse contestações internas de outros ministérios poderosos a Paulo Guedes. Contudo, quem estava autorizado a fazer esse contraponto, se já não havia Ministério de Desenvolvimento, de Planejamento, de Trabalho? Durante a pandemia, quando o general Braga Netto assume o Ministério da Casa Civil, Guedes passa a sofrer maior contestação. Coube à Casa Civil elaborar um programa Pró-Brasil, expansionista fiscalmente e, portanto, contestador das políticas de austeridade propostas por ele.

O conflito entre ministros pode maximizar ganhos para um governante. Getúlio Vargas usava essa estratégia com mestria. Em pleno Estado Novo, tendo como ministro da Guerra o general Eurico Gaspar Dutra, articulador do autogolpe de 1937, e que tinha grande simpatia pela Alemanha nazista, Getúlio decide convidar Oswaldo Aranha passa a ser ministro das Relações Exteriores, um personagem pró-americano e que havia rompido com Vargas por ocasião do autogolpe. Dutra queria declarar guerra aos ingleses em 1940, aliando-se ao nazismo. Aranha queria declarar guerra à Alemanha. Getúlio habilmente soube explorar as contradições entre seus dois ministros, entre o Itamaraty e o Exército, com o propósito de maximizar os ganhos para o país e negociar favoravelmente ao país a entrada na guerra ao lado dos americanos e dos ingleses.

Transformar uma pasta em ministério é um ato político. É dizer que ela tem uma importância política e que existe uma arena na qual seus conflitos podem se dar. Cada país tem uma formação histórica diferente e uma formação de sujeitos políticos distinta. Alguns países se construíram ignorando minorias culturais, étnicas ou religiosas, para poder governar para todos, decidiram construir ministérios dedicados a essas populações. Outros países centralizam menos as decisões e os recursos para a execução de políticas públicas, portanto, não precisam de muitos ministérios finalísticos. As razões podem ser diversas, mas o fato é que criar um ministério é declarar que uma área — ou um tema — é reconhecida como politicamente prioritária. No Brasil, temos um exemplo concreto em nossa história.

No início do século XX, o Brasil atravessava crescentes disputas entre capital e trabalho. Greves, revoltas e contestações eram frequentes e consideradas todas ilegítimas. Uma das promessas da Revolução de 1930 era reconhecer os trabalhadores como sujeitos políticos. O primeiro ato concreto de Getúlio Vargas após a destituição do governo foi a criação do Ministério do Trabalho, que ficou sob a responsabilidade de Lindolfo Collor. A pasta, por sua vez, foi extinta pela primeira e única vez por Jair Bolsonaro, que a submeteu à Fazenda. Do ponto de vista simbólico, pareceu um retorno à República Oligárquica, uma confissão por parte do Estado de que os trabalhadores não têm importância política, de que o trabalho está sempre a serviço do capital.

Criar um ministério é importante para dar atenção política a um assunto. Para que um tema seja blindado politicamente, precisa, muitas vezes, se transformar em ministério. O governo Fernando Henrique Cardoso (FHC) criou o Ministério da Administração e Reforma do Estado para dar ênfase a uma ampla reforma administrativa, que foi feita. Em quatro anos, reformou o Estado numa velocidade que não se via, talvez, desde os anos de Getúlio. O fato de se ter um ministério dedicado ao tema deu peso político ao titular da pasta para poder conduzir e implementar seu plano. A administração pública é móvel, complexa e precisa ser objeto de pesos e contrapesos para que possamos alcançar as melhores decisões de políticas públicas.

O grande problema não é a quantidade ou a diversidade de ministérios. O problema é que eles não se complementam e não coordenam suas ações. A área finalística briga com a área-meio constantemente. Os ministérios régios são aqueles que dispõem das carreiras mais consolidadas — militares, diplomatas e policiais federais —, e não aceitam se submeter de nenhuma maneira à área-meio. Cada um funciona como se fosse um agente independente, e não como parte de uma burocracia nacional profissionalizada. A discussão sobre quantidade de ministérios é puro diversionismo de quem não quer olhar para os reais problemas do Estado brasileiro.

Nas últimas décadas, tem se discutido muito a temática da

coordenação executiva dos governos, porque há um reconhecimento da importância dessa articulação alavancadora do esforço de entregas dos resultados de políticas à sociedade. Para melhorar o funcionamento do Estado e torná-lo mais eficiente, mais vale investir em melhor capacidade de interlocução e coordenação entre ministérios do que rebaixar ministérios à condição de secretarias.

PARTE 2

Decifrando cinco grandes problemas do Estado brasileiro

6. Construção errática e descontínua da administração brasileira

A conjuntura do governo Bolsonaro e sua natureza destrutiva tornaram a palavra "reconstrução" uma espécie de novo mantra. Efetivamente, muitas políticas públicas foram destruídas ou desmanteladas. Existe, contudo, um problema com a generalização deste termo: reconstrução supõe que algo já estivesse construído. Ora, esse não é exatamente o caso da administração pública no Brasil. Não será possível reconstruir a administração pública brasileira, será mais do que nunca necessário construí-la. Esse é o tamanho do desafio.

Nunca tivemos um Estado obeso e uma administração pública forte, ao contrário do que muita gente parece afirmar. A construção do Estado brasileiro é errática, descontínua, confusa e inacabada. O objetivo deste capítulo é tratar das principais fases da formação da administração pública brasileira.

A maldição colonial

O Brasil foi colônia de um império europeu entre 1500 e 1808. A administração colonial se dividia em quatro níveis: instituições metropolitanas, administração central, administração regional e administração local. Cabia à Secretaria de Estado dos Negócios da Marinha e de Domínios Ultramarinos traçar as linhas gerais da gestão das colônias. Um governador-geral do Brasil passou a ser nomeado a partir de 1548, título este que se tornaria de vice-rei a partir de 1720. A colônia estava dividida regionalmente em capitanias e localmente em freguesias. O governador-geral tinha competências amplas, mas elas eram, sobretudo, de ordem militar, fazendária e judiciária. Embora a administração central tivesse muitas instituições, suas competências se sobrepunham, suas funções não eram claras e a hierarquia não era necessariamente consistente. A título de exemplo, as câmaras de juízes eram aquelas que, ao mesmo tempo, julgavam e executavam a pena, não havendo de fato contrapoderes e limites entre essas instituições.

    O excesso de centralização, a ausência de distinção de funções, a complexidade dos processos, a falta de previsibilidade, a superposição de competências são características da administração colonial que deixaram lastro na nossa cultura administrativa. A indistinção entre público e privado é, também, uma maldição que pode ser atribuída a essa época. Afinal, um dos modelos que os portugueses adotaram para a gestão regional foi o das capitanias hereditárias. Em 1534, a Coroa portuguesa dividiu o território em 15 unidades e entregou 14 delas aos capitães donatários. Estes tinham poderes discricionários para definir e implementar o desenvolvimento de cada capitania.

A administração da América portuguesa, na prática, começou de maneira privada. O modelo fracassou, mas elementos dele persistiram até o século XVIII.

A transformação de colônia em metrópole coloca as bases para a formação do Estado administrativo

Quando a Coroa portuguesa decide fugir de Napoleão e se implantar no Rio de Janeiro, trouxe consigo milhares de membros da corte e todo o acervo administrativo. A capital do Império e suas instituições, na prática, passaram a funcionar no Brasil. A instalação da corte ensejou a criação de uma série de organismos que existiam na antiga sede. É dessa época que nasceram o Banco do Brasil, o Arquivo Militar, a Biblioteca Nacional, a Academia de Belas Artes, entre tantos outros. Ao se tornar sede de um reino transcontinental, o Brasil estava agora dotado de uma capacidade administrativa que antes não existia. As sementes para uma administração autodeterminada estavam, portanto, lá plantadas. Começava, então, ainda sob o jugo português, a construção do Estado administrativo brasileiro.

O modelo centralizador desse período, em que os recursos arrecadados eram administrados e investidos no Rio de Janeiro, perdurou até o golpe militar de 1889, que derrubou a monarquia. As inúmeras revoltas por maior autonomia local, que eclodiram praticamente em todas as províncias do país ao longo do século XIX, foram barbaramente reprimidas. Na prática, o país inteiro trabalhava, pagava impostos, e esses impostos eram basicamente usados para melhorar a cidade do Rio de Janeiro, onde residiam os membros da corte e da alta administração. A ideia largamente difundida de uma administração distante que retorna pouco daquilo que arrecada e que usa os recursos para melhorar cada vez mais as condições de vida e trabalho dos seus funcionários era uma realidade. O Brasil construiu o Rio de Janeiro. E este nada dava em troca.

Os movimentos políticos que compunham o movimento republicano eram os liberais e os federalistas. Os liberais buscavam uma ampliação da participação da sociedade, enquanto os federalistas buscavam maior autonomia regional. Muito embora, nos anos 1830, as províncias tenham adquirido um poder legislativo — por meio da instituição das assembleias provinciais —, o Poder Executivo era definido pelo imperador, que nomeava os então presidentes de província. O poder político local era, portanto, comandado por um agente estranho naquela localidade, em geral algum político oriundo do Rio de Janeiro.

Ao longo do Império, o país pouco avançou do ponto de vista administrativo em relação ao período em que fora sede do Império português. Ora, na Europa é precisamente no século XIX que as burocracias modernas passam a ser construídas. A partir da segunda metade do século, se inicia uma verdadeira profissionalização da administração na Prússia, na França e na Grã-Bretanha. Bismarck, na Prússia, monta as primeiras bases de um Estado que exerce também uma função securitária em relação a sua população. A França, por meio da fundação da École Libre des Sciences Politiques (hoje, Sciences Po Paris), em 1872, passa a formar profissionais da administração pública de maneira sistemática.

A República não aporta qualquer mudança administrativa relevante

O golpe militar de 1889 é tratado por nossa historiografia como uma Proclamação da República modernizadora do Brasil. Na prática, do ponto de vista do Estado administrativo, não ocorreu qualquer modernização. O suposto "atraso" sob o qual o Império nos havia conservado não foi corrigido, e, enquanto os principais países europeus faziam concursos de entrada para a administração, no Brasil ser funcionário público continuava sendo um favor político. A politização da máquina pública foi, talvez, maior ainda do que na época do Império.

Fato curioso é que os cartórios de registro civil, constituídos em 1874 no Império, eram regulamentados para serem ocupados e exercidos por tabeliães concursados (conforme o Decreto nº 9.420, de 1885). A partir da República, não apenas todos os municípios passaram a ser obrigados a dispor de um cartório, como também o comando destes poderia ser conferido por indicação política. A lógica dos cartórios sob a República se assemelha muito à estratégia usada pelas capitanias hereditárias do passado. Serviços essenciais que deveriam ser prestados pelo Estado são "privatizados" para algum aliado político do regime. Enquanto os Estados europeus começam a se preocupar em blindar cada vez mais a administração da politização e do patrimonialismo, a República brasileira vai no sentido contrário. A República avançou muito na descentralização de um Estado historicamente centralizado. Os presidentes de estado passaram a ser eleitos localmente, fazendo com que as lideranças e as elites locais pudessem exercer esse poder sem passar pela administração central. Os impostos arrecadados em São Paulo seriam gastos em São Paulo. Os estados mais ricos ficavam mais ricos e os mais pobres, mais pobres. A desigualdade regional se agrava, portanto. O governo federal foi relegado a mero figurante, garantidor da estabilidade da moeda e fornecedor de subsídios para o setor de exportação. Ele nem sequer tinha o monopólio da defesa nem da política fiscal. Estados podiam ter exércitos próprios e contrair empréstimos com entes privados sem qualquer pedido de autorização ao governo federal.

A Primeira República foi um período de completo atraso administrativo, de clientelismo sistemático e de politização da máquina pública em um momento crítico em que internacionalmente os Estados nacionais já se haviam consolidado de maneira profissional na Europa e em alguns países das Américas.

A fundação do Estado administrativo deverá esperar por Getúlio

O processo de burocratização do Estado se deu de forma muito superficial nos primeiros cem anos de independência do país. Ele vai encontrar seu ponto de inflexão e aceleração na Revolução de 1930.

A ruptura institucional de 1930 que leva Getúlio ao poder é motivada e apoiada por diversos setores emergentes da sociedade brasileira totalmente excluídos e sem acesso ao Estado. Ainda no "governo provisório" (1930-34), primeiro período ditatorial do político gaúcho, a autonomia dos entes estaduais foi rapidamente revista, os direitos trabalhistas começaram a ser outorgados timidamente. A ideia de desenvolvimento do Brasil e de uma passagem de uma sociedade rural a um país industrializado requer um Estado que fosse indutor da atividade econômica. Consequentemente, modernizar a administração se tornava uma necessidade.

Muito rapidamente, o governo iniciou um processo de racionalização de procedimentos. Foram consolidadas as normas administrativas com o objetivo de simplificar a confusa legislação existente. Por meio da criação de uma comissão permanente de compras, passaram a organizar os processos de compras de material do Estado. Exército, Marinha e aparelho Judiciário foram reorganizados, os ministérios finalísticos de política social, criados — Educação, Saúde e Trabalho — e uma revisão ampla dos quadros do funcionalismo foi feita.

Durante o governo constitucional de Getúlio (1934-37), esses processos avançaram. A Constituição de 1934 foi a primeira a olhar para o aparelho burocrático com maior atenção. Nela, por exemplo, foi introduzido o princípio do mérito para se ocuparem cargos públicos. Em 1936, foi promulgada a Lei do Reajustamento (Lei nº 284/1936), determinando normas básicas, nova classificação de cargos e estabelecendo o Conselho Federal do Serviço Público Civil.

O DASP: Modernização burocrática sem democracia

Com o autogolpe de Getúlio em 1937, que implantou o Estado Novo, os processos de profissionalização da máquina pública se intensificaram. Para além do aspecto totalmente antidemocrático, a administração voltou a se centralizar no Rio de Janeiro. Os governadores eleitos foram substituídos por interventores nomeados pelo ditador. As bandeiras dos estados foram queimadas. A modernização e a profissionalização da administração se aceleraram.

Entretanto, a iniciativa mais importante do ponto de vista burocrático foi a criação do Departamento Administrativo do Serviço Público (DASP) em 1938. Cabia ao DASP definir e executar a política de pessoal, assegurar a capacitação técnica (por meio da implementação de concursos públicos) e elaborar o orçamento do governo federal. O DASP tinha repartições nos estados, com o objetivo de promover a racionalização de métodos no serviço público em nível local e com a colaboração dos interventores.

A criação do DASP é o primeiro passo na direção de um modelo de administração weberiano (como na Europa) e, de acordo com o professor Frederico Lustosa da Costa, da Fundação Getulio Vargas:

A reforma administrativa do Estado Novo foi, portanto, o primeiro esforço sistemático de superação do patrimonialismo. Foi uma ação deliberada e ambiciosa no sentido da burocratização do Estado brasileiro, que buscava introduzir no aparelho administrativo do país a centralização, a impessoalidade, a hierarquia, o sistema de mérito, a separação entre o público e o privado. Visava constituir uma administração pública mais racional e eficiente, que pudesse assumir seu papel na condução do processo de desenvolvimento, cujo modelo de crescimento, baseado na industrialização via substituição de importações, supunha um forte intervencionismo estatal e controle sobre as relações entre os grupos sociais ascendentes — a nova burguesia industrial e o operariado urbano. O DASP representou a concretização desses princípios, já que se tornou a grande agência de modernização administrativa, encarregada de implementar mudanças, elaborar orçamentos, recrutar e selecionar servidores, treinar o pessoal, racionalizar e normatizar as aquisições e contratos e a gestão do estoque de material. O DASP foi relativamente bem-sucedido até o início da redemocratização em 1945, quando houve uma série de nomeações sem concurso público para vários organismos públicos. A liberdade concedida às empresas públicas, cujas normas de admissão regulamentadas pelos seus próprios estatutos tornavam facultativa a realização de concursos, foi em parte responsável por tais acontecimentos.[6]

A reforma administrativa caiu mal no estamento político brasileiro. Até então, nas admissões do serviço público, prevalecia o favoritismo ao mérito. Por isso, houve resistência e idas e vindas nesse processo. A reforma se chocava com a cultura administrativa então existente. Apesar de muito incompleta e insuficiente, os governos de Vargas realizaram em 15 anos mais do que se havia feito em quase um século e meio desde a chegada de dom João VI, em 1808. Entre 1940 e 1945 foram criadas 21 novas agências estatais (até 1939, existiam apenas 35). Entre 1808 e 1930, o Brasil tinha apenas 12 empresas públicas. Treze novas empresas foram criadas entre 1930 e 1945. Getúlio Vargas fundou, efetivamente, a administração pública brasileira.

---

6. Lustosa da Costa, Frederico. "Brasil: 200 anos de Estado, 200 anos de Administração Pública, 200 anos de reformas". In: *Revista de Administração Pública*, 2008.

Uma administração voltada pela primeira vez para uma democracia de massas

O período entre 1945 e 1964, muitas vezes chamado de República Populista, é a primeira experiência de democracia de massas do Brasil. Ainda que o período de 1934 e 1937 possa ser considerado democrático, Getúlio havia sido eleito indiretamente. Eleições diretas estavam previstas para 1938, e foram canceladas em decorrência do autogolpe do caudilho gaúcho. O grande articulador desse golpe, o marechal Eurico Gaspar Dutra, será curiosamente o primeiro presidente eleito diretamente por sufrágio universal, em 1946.

Sob a égide da nova Constituição de 1946, se fazia necessário prosseguir a modernização e a racionalização da máquina pública, mas dessa vez para atender a uma democracia de massas. Esse período é marcado por uma contínua expansão do Estado na promoção do desenvolvimento do país. Várias reformas administrativas foram pensadas e formuladas, mas nunca implementadas por terem sido rejeitadas pelo Congresso.

Foram várias comissões e grupos de trabalho sob os governos de Getúlio Vargas (1950-14), Juscelino Kubitschek (JK, 1955-60) e João Goulart (1961-64) que formularam inovações e propostas que seriam a base para reformas futuras. Nesse período, foram criadas a Petrobras e o BNDE, duas instituições fundamentais para o desenvolvimento do país. O planejamento como um princípio norteador da administração e a expansão de autarquias e estatais eram algumas dessas propostas. Talvez o marco mais simbólico desse período seja a fundação do Ministério do Planejamento, em 1962, cujo primeiro titular foi o célebre economista Celso Furtado.

De concreto, o que se viu foi um avanço na descentralização do Estado e uma politização crescente da administração direta. Para desenvolver o país, esses governos, e em particular o de JK, privilegiaram grupos de trabalho,[7] as empresas públicas, autarquias, em detrimento da administração direta, entregue ao clientelismo do jogo político. O Estado brasileiro atua driblando os ministérios.

Aceleração autoritária

A Ditadura Militar se preocupou desde o princípio do regime em acelerar o processo de reforma administrativa. Em 1967, o Decreto-Lei nº 200 materializava as principais linhas de atuação que marcaram todo o período de 1964 até 1979. O DASP foi deixado de lado, tendo como competência exclusiva a gestão de

---

7. Durante o governo Getúlio Vargas (1951-54), foram reunidos grupos de trabalho que atuavam paralelamente aos ministérios e que foram fundamentais para a construção de algumas políticas públicas. A ideia do BNDE nasceu de um desses grupos. Juscelino, durante sua gestão (1955-60), também fez uso de grupos de trabalho que atuavam fora da estrutura ministerial.

pessoal. O órgão que ganhou protagonismo foi a Subsecretaria de Modernização e Reforma Administrativa (SEMOR). Um novo funcionalismo começou a emergir: o celetista, sendo contratado à medida que foram sendo criadas novas organizações. No entanto, com o fortalecimento da administração indireta, as discrepâncias nas carreiras de Estado se ampliaram. A Ditadura Militar multiplicou o número de fundações, autarquias, empresas públicas e sociedades mistas. Buscava-se com isso maior agilidade no desenvolvimento de projetos, no recrutamento de pessoal, entre outros. A administração indireta passou a cumprir cada vez mais o papel executivo, enquanto a administração direta ficava cada vez mais esvaziada. Foi se abrindo um fosso entre uma administração indireta técnica, eficiente e ágil e uma administração direta, burocrática, lenta e engessada. A consequência foi dupla: por razões políticas, a Ditadura Militar não formou quadros para a administração central e aumentou a capacidade de nomeação política nas administrações. A velha prática patrimonialista encontrava na Ditadura Militar um momento de glória, com um Estado cada vez mais dispersado.

A Constituição priorizou a política em detrimento da administração

A redemocratização lenta e gradual buscou se contrapor aos abusos autoritários do regime militar. Fortalecer a administração direta e tornar o Estado mais acessível aos anseios dos cidadãos pautou esses primeiros anos da chamada Nova República. No governo José Sarney, foram criados a Escola Nacional de Administração Pública (ENAP) e o Centro de Desenvolvimento da Administração Pública (CEDAM), assim como a carreira transversal de gestor. Inspirada na Escola Nacional de Administração (École Nationale d'Administration — ENA) da França — que forma a integralidade do alto funcionalismo público daquele país —, a ENAP buscava formar os quadros do alto funcionalismo, e o CEDAM buscava reciclar os servidores já existentes. A carreira de gestor buscava profissionalizar as áreas-meio de todos os ministérios.

Na prática, apesar da construção institucional, a ENAP jamais teve as mesmas prerrogativas que a ENA francesa. A carreira de gestor — extinta e recriada — terminou por atrair mais generalistas do que profissionais de gestão administrativa e financeira. Por ser uma carreira de excelência, muitos foram absorvidos em gabinetes de ministérios e poucos ocuparam de fato as funções para as quais a carreira os destinava.

Mais grave, porém, nesse período, foi a determinação constitucional de transformar em estatutários os funcionários celetistas da administração. Mesmo sem ter passado em qualquer concurso público, centenas de milhares de funcionários passaram a gozar de plano de cargos e salários, estabilidade de emprego, sem ter passado por qualquer concurso público! Embora possa ser compreensível do ponto de vista político, a adesão dessa máquina herdada da Ditadura ao novo regime democrático gerou um peso totalmente desnecessário e perenizou o amadorismo com o qual os militares conduziram os negócios do Estado. O grande número de funcionários estatutários não é fruto de concurso, mas, sim, de herança desse período.

A promessa de um Estado eficiente ficou pela metade

Os governos Collor, Itamar Franco e FHC foram marcados pela preponderância de valores e ideias de cunho liberal dentro da política econômica. Essa década de "liberalismo" moderado trouxe uma pressão maior por uma reforma de Estado que permitisse alcançar maior eficiência da gestão pública. Capitaneado pelo professor Bresser-Pereira, então ministro da Administração e da Reforma do Estado (1995-99), deu-se início ao Plano Diretor da Reforma do Aparelho de Estado (PDRAE).

Inspirado nos conceitos desenvolvidos pela NPM, o PDRAE busca modernizar o combalido Estado patrimonialista e transformá-lo em um "Estado gerencial". Os principais pontos da reforma buscavam fortalecer os instrumentos de pilotagem e regulação do governo federal e a descentralização vertical das funções executivas na política social e de infraestrutura. Dessa maneira, novos agentes — privados e filantrópicos — passaram a contribuir para a prestação de serviços.

Para alcançar esses objetivos, a gestão Bresser-Pereira avançou muito no aperfeiçoamento dos instrumentos de coordenação, formulação, implementação e avaliação de políticas públicas e nas ferramentas de controle *a posteriori* dos resultados. Foi também criada uma série de agências reguladoras, as quais passaram a fiscalizar e a regular setores que antes agiam de maneira totalmente desorganizada, de forma concomitante ao processo de privatização.

As reformas de Bresser-Pereira não foram plenamente implementadas, embora o núcleo econômico do governo tivesse sido estruturado, retomando o esforço ensaiado no governo Sarney, quando foram criadas as carreiras de especialistas em políticas públicas e gestão governamental, analistas de planejamento e orçamento e analistas de finanças e controle. Ao assegurar a realização de concursos ao longo do tempo, o governo FHC sanou uma dificuldade histórica de dotar o miolo da área econômica de um núcleo duro estatutário, que vinha funcionando em bases improvisadas desde os anos 1930. As reformas de Bresser-Pereira, no entanto, foram descontinuadas ainda no segundo mandato de FHC.

A administração avança sob a presidência de Lula

Fernando Henrique Cardoso começou o processo de constituição do núcleo duro da administração pública federal investindo sistematicamente nas carreiras de gestores governamentais, analistas de finanças e controle e analistas de planejamento e orçamento. Retomou-se e consolidou-se o que fora ensaiado nos tumultuados anos do governo Sarney. Lula aprofundou e expandiu esse esforço, levando-o aos ministérios finalísticos, às fundações, autarquias e estatais.

Até os anos 2000, muitos órgãos federais nunca tinham realizado concursos públicos e outros estavam com seus quadros excessivamente envelhecidos. Nos anos 1990, várias instituições federais funcionavam com base em consultores contratados via organismos de cooperação técnica internacional. A partir de 2002, foram substituídos por profissionais concursados, como nos casos das pastas do Meio Ambiente, da Ciência e Tecnologia, da Educação e outras.

As áreas de infraestrutura, tecnologia da informação e políticas sociais foram contempladas com concursos inéditos para povoar ministérios que funcionavam com base em mecanismos de expediente estranhos à administração pública federal e em meio à multiplicação de cargos de confiança.

Lula pôs em ordem os salários do funcionalismo estatutário do governo federal ao instalar uma mesa de negociações salariais, tornando-os competitivos e atrativos frente ao setor privado — pecado imperdoável para muitos que acham que o setor público não pode e não deve pagar bem a seus funcionários.

As agências reguladoras funcionavam com quadros recrutados temporários, uma distorção herdada do período de sua constituição, que geralmente desembocava em "trens da alegria", na tradição clientelista brasileira. Todos os temporários foram substituídos por funcionários públicos selecionados com base em concurso público, de forma transparente e meritocrática.

Nesse período, o governo disciplinou a ocupação de cargos de confiança na administração direta, estabelecendo percentuais robustos a profissionais do serviço público. O intuito era assegurar que as organizações governamentais contassem com dirigentes minimamente familiarizados com o funcionamento do Estado, de modo a garantir a continuidade administrativa possível, mesmo com a mudança da orientação política do governo.

Foi nesse governo que a CGU foi criada, estruturada, povoada, apoiada e dotada dos meios para atuar no controle interno do gasto público, a despeito dos desgastes e assimetrias que zelar pela integridade do gasto público podem gerar.

Mecanismos de participação popular foram introduzidos em diversas áreas temáticas, objetos de políticas públicas com impacto direto junto à população, como saúde, educação, cultura, meio ambiente, assistência social, ciência e tecnologia. Consultas públicas tornaram-se praticamente rotinas administrativas no processo de confecção de políticas públicas, para impaciência e exasperação de tecnocracias acostumadas a processos decisórios fechados e opacos.

7. Políticas públicas sem lastro ou rastro: Prevalência das políticas de governo sobre as políticas de Estado

No Brasil, se desenvolveu a crença correta e bem fundada de que existem políticas de governo em vez de políticas de Estado. Qual a diferença entre as duas? Por que essa é uma realidade? E, dado que não é desejável, o que podemos fazer para evitá-la?

As diferenças entre políticas de governo e políticas de Estado

Não existe uma definição precisa das diferenças entre políticas de Estado e políticas de governo. A tendência, no entanto, é dissociar ambas, respectivamente, pela temporalidade — longo prazo *versus* conjuntura — e pelo agente proponente — burocracia *versus* governo.

As políticas de governo seriam aquelas que atendem a demandas circunstanciais e eleitorais de um determinado governo. Estão, portanto, associadas a um governo e, às vezes, até mesmo ao governante em si. Como os chefes do Executivo são eleitos pelo voto direto, cumprir promessas ou tomar decisões que possam aumentar sua popularidade é uma condição de sobrevivência política. É, portanto, comum que usem a máquina pública para conseguir cumprir promessas eleitorais ou para iniciativas que possam rapidamente aumentar sua popularidade junto à população. E o que gera efeito de curto prazo? Normalmente, políticas superficiais, que apenas "enxugam gelo" e não endereçam os problemas estruturais da sociedade. O famoso Leve Leite, programa implementado por Paulo Maluf na prefeitura de São Paulo que distribuía leite a alunos sem faltas nas escolas da rede pública, era uma política de governo, associada ao então chefe do Executivo, que pretendia alçar voos mais altos ao término de seu mandato. A política de governo muitas vezes obedece a uma agenda estritamente de marketing político. Algo que dê resultado rápido, tenha uma imagem facilmente interpretável para o eleitor e, sobretudo, que preste um serviço objetivo ao cidadão.

    A política de Estado, por sua vez, seria aquela que busca endereçar as necessidades de médio e longo prazo de uma população. Ela se baseia nos princípios de continuidade do serviço público, de planejamento e de colaboração entre diferentes entes da burocracia.

    Ela não depende do governo vigente e sobrevive, portanto, a alternância de poder. Políticas de Estado são conduzidas por uma ou mais agências da burocracia, requerem amplo planejamento e análise e são relativamente blindadas à conjuntura política. Um exemplo seria, por exemplo, a assinatura de um tratado de livre-comércio. Tal política requer uma ampla análise, projeções econômicas, extensiva negociação, avaliação por diferentes ministérios. Uma vez assinado o tratado, ele deve ser cumprido pelos governos, independentemente da orientação ideológica, ou seja, são conduzidos pela burocracia e não pelos interesses político-eleitorais de ocasião.

A distinção, entretanto, não é tão óbvia, pois certas políticas planejadas e pensadas para serem de Estado permanecem como de governo. E certas políticas de governo se tornam políticas de Estado. Um exemplo claro é a política de educação estabelecida no Rio de Janeiro entre 1983 e 1986 pelo governador Leonel Brizola (PDT) e seu secretário de Estado, Darcy Ribeiro: os Centros Integrados de Educação Pública (CIEPs). Os CIEPs foram pensados e estruturados a fim de viabilizar a educação em tempo integral e apoiar as famílias nos cuidados e na alimentação dos filhos. Até mesmo o desenho das escolas foi pensado como uma política de Estado. Trouxeram o mais prestigiado arquiteto do país para desenhar os equipamentos, que seriam padronizados e reconhecíveis a olho nu pela população. Os CIEPs começaram como um belo projeto, uma iniciativa promissora, que Moreira Franco (PMDB), sucessor de Brizola, rapidamente abortou. Até hoje, associa-se os CIEPs a Brizola, como se tivessem sido uma política de governo. A ganância política e eleitoral condenou uma política de Estado a ser apenas e tão somente uma política de governo do PDT.

Existe, também, um contraexemplo de políticas marqueteiras, criadas por motivos eleitoreiros, que terminaram por perenizar-se como políticas de Estado. Também do Rio de Janeiro temos um bom exemplo: o das Unidades de Pronto Atendimento (UPAS). Implementadas pelo governador Sérgio Cabral e seu secretário de Saúde, Sérgio Côrtes, em seu primeiro mandato (2007-10), as UPAS existem até hoje — mesmo após a derrota do PMDB nas urnas — e foram exportadas para outras unidades da Federação e até mesmo para outros países latino-americanos. As UPAS são uma ótima solução de curto prazo, pois elas desafogam as urgências de hospitais e permitem ao paciente um atendimento relativamente rápido. Qual o problema das UPAS? O custo é muito alto, o impacto de médio prazo, extremamente contestável e, sobretudo, estão desconectadas e desintegradas do sistema de saúde. Estudos apontam que, se os recursos das UPAS fossem direcionados para Clínicas da Família (essa, sim, uma política de Estado), os efeitos na melhoria do atendimento e da saúde da população seriam muito maiores. Mas a resposta eleiçoeira às UPAS foi tão grande que outros governantes enxergam como algo que deve ser continuado.

Por que temos a prevalência de políticas de governo sobre as de Estado?

A prevalência de políticas de governo curto-prazistas e eleitoreiras sobre as políticas de Estado perenes e estruturantes é um desafio para a construção e a consolidação do Estado brasileiro.

O que explicaria essa prevalência? As políticas de governo são tentadoras para a classe política e existe um excessivo poder destas sobre o Estado brasileiro. E por que são tentadoras? Primeiro, porque as políticas de governo atendem a objetivos eleitorais. Segundo, porque elas ensejam um imediatismo que contribui para um maior controle orçamentário por parte da classe política *vis-à-vis* a burocracia. Quando se quer implementar um programa ou uma nova política, sem passar pelas agências do Estado, de maneira direta, a tendência é também executar essa política fora da administração. As UPAs no Rio de Janeiro foram todas feitas via OS, passando, portanto, por fora do funcionalismo da Secretaria Estadual de Saúde. Sobre elas pairam suspeitas graves de corrupção — que desembocaram na prisão do ex-secretário de Saúde Sérgio Côrtes. Isso significa que a implementação de toda OS seja corrupta? De maneira alguma. Significa que se não for bem regulada pela administração, pode, sim, favorecer um ambiente propício para a corrupção. Por conseguinte, políticas de governo permitem aos políticos implementar iniciativas sem terem necessariamente de passar pela burocracia ou envolver agentes dela na execução. Isso significa agir sem contrapoderes e sem resistências.

 Como a classe política historicamente tem muito mais poder sobre o Estado brasileiro do que os burocratas, é comum que iniciativas benéficas para ela sejam priorizadas. O Capítulo 6 mostra como o desenvolvimento de uma administração pública autônoma no país foi um processo errático e descontínuo.

Quanto mais frágil é a burocracia, mais ela está a serviço dos políticos. Portanto, ela não é e não tem sido suficiente para que as políticas de Estado prevaleçam sobre as políticas de governo.

**O federalismo não tem sido um aliado
para a promoção de políticas de Estado**

A falta de continuidade das políticas públicas é ainda mais grave diante da fragmentação da prestação de serviços que o federalismo brasileiro impõe. A Constituição de 1988 corretamente atribuiu mais competências para estados e sobretudo municípios. No entanto, a regulamentação dessa descentralização foi feita de maneira pouco organizada, deixando uma série de "bolas divididas" entre os entes federativos. Um caso clássico é o do saneamento básico, em que fica determinado que a competência é municipal, mas as empresas de água e esgoto são tradicionalmente estaduais. Atribui-se a competência, mas não os meios para executá-la. Quem deve ser cobrado pelos esgotos a céu aberto de uma cidade? O prefeito? O governador? Quando não existe competência claramente definida, fica impossível exercer a responsabilização dos governantes — isto é, premiá-los pelo que fazem, puni-los pelo que deixam de fazer. Adicionalmente, isso gera um problema grave de conflito entre os entes federativos, além do jogo de *blame shifting* (empurra-empurra).

O federalismo também contribui para uma fragmentação da prestação de serviços. As responsabilidades de algumas políticas são divididas entre diferentes entes federativos. Para que a prestação ocorra bem, é preciso que os três entes trabalhem adequadamente. Na saúde, isso fica muito claro: a atenção básica é de responsabilidade da prefeitura, a média e alta complexidade fica a cargo do governo do estado, e cabe ao governo federal a formulação das políticas, dos programas, das linhas de cuidado. Por questões de motivação política e eleitoral, muitos não respeitam essa distribuição de competências. O exemplo mais simbólico disso é certamente a construção de hospitais por prefeitos: hospital dá voto, o prefeito constrói e deixa de investir em atenção básica. Há, também, um segundo problema: por melhor que seja o trabalho desempenhado por um governo do estado na política hospitalar, se a prefeitura não fizer sua parte, a experiência do paciente será ruim. As filas são um ótimo exemplo disso. Quando a atenção básica — de competência da prefeitura — não opera corretamente, pessoas com problemas de saúde mais leves irão para as urgências dos hospitais estaduais em busca de tratamento. Isso prejudica o atendimento e gera confusão no hospital. As filas que se formam, nesse caso, não são de responsabilidade estadual, mas na prática ocorrem num hospital estadual. A prestação de serviço de saúde ótima não se daria dessa maneira fragmentada. Para ser mais eficaz, ela deveria estar organizada em regiões de saúde. A regionalização é de responsabilidade dos estados. É tentador imaginar o que seria o SUS se fosse uma autarquia, independente de estados, municípios e governo federal. Blindada em relação aos interesses políticos e integrando as diferentes etapas de serviços. Isso, no entanto, está longe da realidade política e do terreno das possibilidades.

A impossibilidade de transformar todas as políticas públicas em políticas de Estado

A tentativa de se dar uma definição a políticas de Estado *ex-ante* é uma impossibilidade. Só é política de Estado aquela que sobrevive à alternância de poder. Por mais estruturada que seja uma política, se o governo que se segue não prossegue com ela, não podemos considerá-la política de Estado. A política de Estado só pode ser definida de maneira *ex-post*, após alguns anos.

O programa de transferência de renda chamado Bolsa Família começou no governo Lula, mas prosseguiu em governos de oposição, tornando- se uma política de Estado. Ele era, inclusive, uma junção de algumas políticas do governo FHC, realizadas em uma nova escala na gestão petista. O Fome Zero foi uma política de governo do presidente Lula, e nem sequer foi continuada por Dilma Rousseff. Quando foram iniciados, não era possível saber se algum dos dois se tornaria uma política de Estado. Ora, para sobreviver à alternância eleitoral, existem dois fatores que contribuem: o engajamento da burocracia e o apelo eleitoral.

O funcionalismo de média gestão é fundamental para garantir uma boa gestão das políticas públicas. Infelizmente, essas carreiras não foram constituídas no país. A média gestão é aquela que garante que em nível local seja implementada efetivamente a política pública. Quanto mais existe média gestão, fazem-se necessários processos de trabalho mais definidos e mais arraigada e instalada está uma determinada política pública. Na França, a política de uma escola republicana, disciplinadora e tecnocrática nasceu no século xix e foi continuada muito graças à construção de carreiras médias do funcionalismo público, como a carreira dos inspetores da Educação Nacional — funcionários concursados que periodicamente visitavam escolas públicas, ouviam as aulas e avaliavam a conformidade do que estava sendo ensinado aos alunos com a política nacional de educação.

O sucesso eleitoral de uma política também pode ser definidor pela sua sobrevivência. O caso das políticas de transferência de renda direta no Brasil, que, começadas sob o governo fhc, foram criticadas pelo pt, na sequência foram reconfiguradas e brutalmente expandidas no governo Lula. Foram, então, criticadas pelo psdb e por grande parte da direita. Em 2010 e 2014, os candidatos de oposição prometiam aumentar o Bolsa Família. Bolsonaro, que sempre se posicionou de maneira crítica enquanto deputado, hoje multiplicou o Bolsa Família metamorfoseado no Auxílio Brasil. O sucesso eleitoral da política contribuiu para que se tornasse uma política de Estado.

O desafio democrático das políticas públicas

A tentação tecnocrática é, no entanto, problemática do ponto de vista da democracia. Se as políticas públicas são operadas unicamente a partir de uma perspectiva "técnica", elas reproduzirão todas as tendências políticas mais conservadoras (no sentido de antiquadas). Afinal, quem pode definir o que é técnico? É técnico para quem? A partir de que perspectiva? Nos dirão: baseados em evidências. Evidências são uma expressão da verdade? Através de que prisma?

A evidência responde a uma pergunta que é feita por um sujeito político. É evidência aquilo que é demonstrável. Contudo, para demonstrar algo, é preciso formular uma problemática. A construção desta não está isenta de construções ideológicas e de pensamento político — portanto, uma política pública não pode ser dominada unicamente por técnicos. É necessário que as evidências possam se confrontar com as demandas políticas que são articuladas.

O problema é que quando olhamos para a participação da política em questões de políticas públicas, estamos, na realidade, falando da classe política. E já vimos como a classe política se mobiliza a fim de aparelhar o Estado para seus fins eleitorais. Para democratizar efetivamente as políticas públicas e manter sua qualidade técnica, são necessárias duas coisas: ter uma burocracia comprometida com a democracia e políticas públicas porosas à demanda popular. Estabelecer canais de participação e o compartilhamento do poder de decisão entre tecnocratas e cidadãos é fundamental para assegurar que as políticas sobrevivam ao ciclo eleitoral. Um grande exemplo de política de Estado que logrou manter-se foi o NHS. Mesmo a administração de Thatcher, que botou o Estado inglês de cabeça para baixo, jamais ousou mudar os objetivos do NHS, por entender que essa política estava totalmente apropriada pelo povo britânico. Os burocratas do NHS sempre investiram na promoção dos louros do sistema e hoje, por exemplo, são um dos poucos sistemas no mundo a investir ativamente em políticas de participação da sociedade. Constituíram o NHS Horizons, uma agência focada em construir políticas deliberativas e de engajamento dos pacientes.

Para construir políticas de Estado com lastro e rastro é fundamental ter um funcionalismo forte, que não tema a participação popular.

8. O descontrole dos controladores?

O que ocorreu no Brasil na segunda década do século XXI ainda vai ser muito estudado pela historiografia do futuro. O país não era particularmente conhecido no mundo como um dos mais corruptos do planeta, embora ninguém achasse que fosse exemplar no zelo pelo interesse público. Então, veio a explosão da corrupção na Petrobras, sob a qual pairavam suspeitas havia décadas.

Após a redemocratização, o processo de reforma da administração pública vinha evoluindo lentamente, de modo espasmódico, pelo menos no âmbito federal — em estados e municípios, as mudanças se davam de forma ainda mais lenta. Paralelamente, os órgãos de controle, em especial o Tribunal de Contas da União (TCU) e o Ministério Público Federal (MPF), vinham se profissionalizando muito mais rapidamente, amparados nas respectivas autonomias constitucionais.

A premissa das reformas era de que uma administração pública profissional seria mais resistente à corrupção do que estruturas de governo dominadas pelo clientelismo, pelo patrimonialismo e pelo nepotismo — mesmo quando disfarçados em trajes mais modernos, como arranjos contratuais ou tecnológicos. A mesma associação vale para o fato de que os países desenvolvidos possuem burocracias qualificadas, recrutadas por processos meritocráticos, o que explica, também, o fato de os níveis de corrupção neles serem mais baixo que em países desiguais e emergentes.

No início do século XXI, quatro burocracias distintas começaram a ser estruturadas de forma mais efetiva, de uma maneira inédita na história brasileira: o MPF, a Polícia Federal (PF), o TCU e a CGU. Concursos foram feitos com alguma regularidade. Salários foram aumentados e transformados nos mais competitivos da administração pública — embora os do MPF sejam muito superiores aos demais. Estabeleceu-se nesses órgãos uma dinâmica de autofortalecimento diferenciada em relação às outras áreas da administração pública federal, cujos projetos de modernização não foram priorizados nos governos FHC, Lula e Dilma, deixando-se instalar uma assimetria.

O Ministério Público não será objeto de discussão neste livro. A Lava Jato, a Vaza Jato e a trajetória inacabada de seus principais protagonistas são assuntos demasiado complexos para serem tratados no escopo desta reflexão. O mesmo vale para a PF, cuja espetacularização transformou as operações públicas anticorrupção em noticiário midiático sem precedentes, como no caso da prisão cinematográfica do ex-presidente Temer. Mesmo a atuação do STF, no caso da Lava Jato, ainda é objeto de muita controvérsia. Como explicar para os fãs do ex-presidente Lula, ou para os que o consideram um criminoso, o que aconteceu? No calor das eleições presidenciais de 2022, é duro constatar que há assuntos com os quais o país ainda não consegue lidar e com os quais precisará se reconciliar no futuro.

No governo FHC, em contínuo processo de ajustes fiscais, Bresser-Pereira apoiou o fortalecimento do núcleo das carreiras do centro de governo, notadamente nas áreas de gestão, planejamento, orçamento, finanças, jurídica e controle. Nos governos Lula, ocorreu um povoamento meritocrático nas atividades finalísticas do governo sem precedentes, com destaque para as agências reguladoras, controle interno, autarquias e fundações sem tradição de concursos públicos. Dilma manteve esse esforço, porém sem o mesmo ímpeto e com menos visão estratégica. Além disso, as condições econômicas dificultavam a manutenção do ritmo dos concursos da década anterior. A partir de Temer, os concursos foram praticamente suspensos.

A despeito dos avanços ocorridos no Executivo, já eram evidentes na segunda década do novo século duas situações problemáticas: de sequenciamento e assimetria de capacidades. Os órgãos de controle, em especial o MPF e o TCU, estruturaram-se com muito mais velocidade e competência do que o Poder Executivo federal — muito maior, mais complexo, desaparelhado e desconjuntado. O resultado foi a configuração de um relacionamento desigual entre controladores e controlados, pouco visível aos olhos do público, mas que foi produzindo um ambiente crescentemente tenso no seio da burocracia federal.

Antecedentes

Não é simples estabelecer um momento específico em que as coisas começaram a se deteriorar no relacionamento dos controladores com o governo. Três antecedentes merecem registro porque contribuíram para a posterior evolução dos acontecimentos. O primeiro episódio foi o desfecho pífio do escândalo do mensalão. O fato de as punições praticamente terem se limitado a poucos políticos gerou uma sensação de impunidade que cobraria seu preço anos depois. O episódio tampouco serviu de lição para o governo, que continuou não enxergando os graves problemas de supervisão ministerial relacionados com as empresas estatais, entregues a seus dirigentes a partir de montagens de coalizões nem sempre confiáveis do ponto de vista da integridade dos quadros.

No caso da Petrobras, nos anos que antecederam o petrolão, o TCU não aceitou o regulamento de contratações aprovado pela empresa, que flexibilizava o uso da Lei de Licitações, em especial na modalidade de convite. A Petrobras recorreu ao STF, que suspendeu em caráter cautelar cerca de duas dezenas de acórdãos do TCU que determinavam a aplicação da Lei de Licitações. Muitos desses contratos foram objetos da Lava Jato, anos depois. O governo não entendeu, não aprendeu e não mudou nada em relação à governança das estatais, praticamente impermeável à ação dos controles interno e externo na época. Somente com a discussão e aprovação da nova Lei das

Estatais, esse assunto viria a ser enfrentado, mesmo assim com problemas.

O segundo episódio foi o acórdão publicado pelo TCU relacionado às obras inacabadas, que incomodou a cúpula governamental e levou dirigentes da burocracia a insinuar junto à Presidência que o TCU estaria politizando sua atuação de modo a atingir o governo. O mal-estar foi superado, mas evidenciava a dificuldade crescente da burocracia em lidar com um órgão de controle externo cada vez mais tecnicamente preparado e com apetite político para expandir o escopo de sua atuação, ao mesmo tempo em que o Executivo subestimava seus próprios déficits de capacidade e os potenciais problemas derivados da incapacidade de coibir malfeitos e práticas de corrupção. Dentre os problemas clássicos da administração pública federal que vinham se arrastando há anos sem nenhum tipo de atenção especial — e a respeito dos quais o TCU foi se inteirando e alertando —, encontravam-se situações heterogêneas, como a integridade da contabilidade pública, os investimentos de empresas estatais, a gestão de hospitais universitários, os repasses via convênios e termos de parceria e as licitações de obras de infraestrutura e compras de equipamentos.

O terceiro episódio foram as jornadas de junho de 2013, que irromperam de forma imprevista e desorganizada no cenário nacional, portadoras de uma pauta difusa que incluía transporte coletivo, segurança pública, educação, saúde e corrupção. Nesse último tema, o debate era em torno de barrar iniciativas do Congresso orientadas para o estabelecimento de restrições ao trabalho dos ministérios públicos federal e estaduais. As semanas de manifestações mostraram que o país sofria de um mal-estar mal diagnosticado, sem direção muito específica, ainda em processo de incubação, mas que logo viria a encontrar no combate à corrupção seu estuário providencial.

A resposta da então presidente Dilma — um anúncio de cinco medidas que nasceram desmoralizadas — foi inócua, mas, como seguiu-se à desmobilização das manifestações, seu significado mais profundo perdeu-se. O humor do país estava se deteriorando e o sistema político não se deu conta disso.

No fim do governo Lula, Dilma Rousseff perdeu sua mais importante operadora junto ao TCU, Erenice Guerra, que a sucedeu na Casa Civil e foi afastada por denúncias de tráfico de influência em plena campanha presidencial. No início de seu governo, a então presidente escalou uma colaboradora de sua confiança para centralizar e cuidar dos assuntos do TCU — uma medida racional e providencial — e a AGU indicou também um ponto focal para cumprir papel semelhante. No primeiro caso, a iniciativa foi importante para a construção de um ambiente de solução de problemas, em especial no caso de infraestrutura. No segundo caso, a cultura de litigância foi mais forte e o relacionamento era mais centrado no contencioso, o que não produziu bons resultados para o governo.

Em 2011, no primeiro ano de seu governo, Dilma Rousseff começa o mandato exonerando ministros sob suspeitas de corrupção e aprova uma das mais importantes legislações que o país produziu sobre transparência governamental: a Lei de Acesso à Informação (a LAI, como veio a ser conhecida). Insensível aos argumentos de que a implementação da lei demandaria mais meios e preparações, a presidente assegurou a aprovação da nova legislação, que viria a impactar a cultura administrativa opaca do serviço público brasileiro.

Em 2012, tanto a CGU quanto o TCU publicaram dois importantes relatórios em parceria com a OCDE, na trilha aberta pelo então Ministério do Planejamento, Orçamento e Gestão em 2010, que havia comissionado um *peer review* [revisão de pares] sobre recursos humanos na administração pública federal. Ambos convergiam para uma abordagem centrada no suporte de políticas de apoio à integridade do gasto público — a visão mais contemporânea sobre a melhor forma de se lidar com problemas de corrupção: não dando espaço para que ela ocorra. No caso do TCU, o foco era na sistemática da análise das contas de governo, em especial, na necessidade de se fazer mais uma auditoria financeira nas contas do que uma avaliação de programas de governo.

Ao mesmo tempo, chamava a atenção a ausência no Executivo de maiores preocupações relacionadas à consolidação do processo de profissionalização da gestão pública que tinha caracterizado o governo Lula. A preocupação com a problematização do processo orçamentário foi abandonada, devido ao cancelamento de um *peer review* comissionado com à OCDE sobre o assunto e o desinteresse pelo empréstimo contratado com o Banco Interamericano de Desenvolvimento (BID) para modernizar os chamados sistemas estruturantes da administração pública federal (planejamento, orçamento, finanças, pessoal e organizações). A definição do espaço fiscal do governo foi deixada totalmente a cargo da Fazenda, com a retirada do Planejamento do debate. A área de gestão foi entregue a profissionais da Caixa Econômica Federal, com pouca familiaridade com os desafios da administração direta. A implementação do Programa de Aceleração do Crescimento (PAC) tornou-se o foco de atenção prioritário do governo, inclusive com a transferência de seu monitoramento da Presidência para o Planejamento, via a criação de uma Secretaria Nacional — a Secretaria do Programa de Aceleração do Crescimento — a cargo de sua implementação.

O controle interno: a CGU

A CGU completou duas décadas de história marcada por importantes avanços e alguns recuos. Dentre os avanços, cinco merecem registro. O primeiro foi a política de concursos, povoando-a com quadros formados não apenas em contabilidade e direito, mas também em áreas tecnológicas e ligadas às ciências sociais. O segundo foi a criação da área de prevenção à corrupção, dotando-a de instrumentos e equipamentos tecnológicos que mudaram o *modus operandi* formalista da organização até então. O terceiro foi o diálogo internacional, em especial com a Escritório das Nações Unidas sobre Drogas e Crime (onu/unodc) e com a ocde, criando um canal de permanente aprendizado da organização junto à comunidade internacional, o que levou ao convite da Casa Branca para sermos pioneiros na iniciativa multilateral designada Parceria para Governo Aberto. O quarto foi a criação de uma espécie de termo de ajuste de conduta, que permitiu aos órgãos auditados e à cgu construírem soluções relacionadas a problemas identificados sem necessidade de escalada legal. Finalmente, há que se destacar a atuação da cgu na estruturação de um arcabouço legal anticorrupção, indispensável ao Brasil. Um processo ainda em curso, sujeito a idas e vindas, porém direcionado para o que há de melhor em termos das boas práticas internacionais.

A cgu avançou no seu processo de estruturação e, em conjunto com o Ministério da Justiça, trabalhou na elaboração de um significativo conjunto de legislações destinadas a dotar o país de um arcabouço anticorrupção robusto e efetivo. Em um espaço de tempo relativamente curto, uma série de novas leis foi aprovada, graças ao determinado suporte do presidente, em muitos casos com fragilidades que custariam caro ao governo posteriormente. Ao assumir simultaneamente o papel de controle interno e de agência anticorrupção, a cgu prejudicou o primeiro para contemplar o segundo, em especial com a aproximação junto à pf na condução das chamadas Operações Especiais.

O fato de que a CGU atua em tempo real, tem acesso à execução orçamentário-financeira e integrava, àquela época, a Presidência da República produzia uma situação de permanente tensão no relacionamento de seu ministro com a chefia do Executivo. Os tempos da adoção das medidas anticorrupção e das providências da administração para eliminar os focos de potenciais ocorrências de malfeitos não coincidiam. As mudanças que ocorreram na cúpula da CGU no início do segundo mandato de Dilma não afetaram o trabalho da CGU, embora fossem um crescente incômodo para a maioria dos gestores, que passaram a se ver obrigados a justificar seus atos e decisões de forma inédita na administração pública federal.

O *modus operandi* da CGU faz com que seus trabalhos de auditoria tenham que ser formalmente reconhecidos pelos titulares dos órgãos auditados. Noutras palavras, os dirigentes têm que subscrever os achados da CGU, que, por sua vez, precisam ser fundamentados em evidências que sejam capazes de refutar resistências subjetivas ou políticas. A CGU foi sendo gradativamente percebida dentro do governo não como uma aliada da administração, mas como uma criadora de casos, incapaz de compreender os desafios e as dificuldades dos gestores, o que talvez tenha a ver com o fato de estar se tornando mais um órgão anticorrupção do que um ministério responsável pelo controle interno.

No início do governo Temer, a CGU esteve em vias de ser extinta, mas a mobilização de seus quadros e da mídia assegurou sua existência, embora já sem a vinculação com a Presidência. Após um período de turbulência e instabilidade que se seguiu ao impeachment, a CGU estabilizou-se. Entretanto, a crescente utilização das Operações Especiais em parceria com a PF em suas atividades, inclusive em iniciativas de "caça às bruxas" em universidades públicas, produziu desgastes quanto à sua credibilidade. Esse processo se agravaria no governo Bolsonaro com um inevitável comprometimento dos avanços mais substantivos do órgão na década. O profissionalismo da instituição, no entanto, a preservou de um desmanche maior, a exemplo do que ocorreu em outras pastas ministeriais, como Meio Ambiente, Educação, Saúde, Trabalho e Desenvolvimento Social.

O novo governo, eleito em 2022, encontrará uma CGU mal-acostumada com as Operações Especiais e manietada devido às tentativas de sua instrumentalização pelo presidente da República. O quadro permanente beneficiou-se do fato de ter tido um ministro funcionário da instituição à frente da Casa, que assegurou a continuidade do diálogo internacional e a produção de importantes trabalhos nas áreas de *compliance* e transparência, paradoxalmente em um momento de retrocessos na aplicação da LAI, de desmoralização da Comissão de Ética Pública e de utilização da CGU para a perseguição política de funcionários públicos.

O controle externo

Em duas décadas, o TCU passou de um órgão irrelevante da esfera pública para um dos principais protagonistas da governação do país. Vários fatores contribuíram para isso, mas merece especial registro o papel desempenhado pela burocracia permanente. O processo endógeno de aprendizado cumulativo dos quadros dirigentes da Casa foi decisivo para a consistência da trajetória nesse período. Sem dúvida, a autonomia da organização, a política de desenvolvimento de recursos humanos, a cooperação internacional, a contribuição de alguns ministros técnicos, entre outros fatores, contribuíram para o fortalecimento institucional. O quadro permanente, no entanto, teve um papel diferençado.

O TCU tem, entre 2011 e 2013, sua atuação dividida em três direções. A face pública e mais conhecida evoluiu na direção de internalizar princípios de boas práticas de governo em discussão na OCDE, notadamente no que se refere ao debate sobre governança pública. A face mais abrasiva foi a percepção da ocorrência do recrudescimento da punição de dirigentes e funcionários em seus acórdãos, com base em premissas cada vez mais discutíveis, como o princípio *in dubio pro societate*. Finalmente, desde 2012, as divergências sobre os registros da contabilidade governamental eram cada vez mais graves, embora subestimados pelo governo, que enxergava nessas advertências interesses políticos, não técnicos, em muitos casos oriundos da cooperação com organismos internacionais.

Os profissionais engajados na primeira visão centravam suas preocupações nas questões críticas para o bom desempenho do governo. O TCU mergulhou em profundidade no debate internacional sobre governança e praticamente introduziu o tema na agenda nacional — esforço este que seria coroado com o Decreto Presidencial nº 9.203 de novembro de 2017. Ao longo desse processo foram produzidos estudos, indicadores e documentos de referência que influenciaram em especial o governo Temer e, até certo ponto, o governo Bolsonaro. A aproximação do TCU com ambas as presidências teve raízes políticas, mas teve também desdobramentos técnicos, em especial na compreensão demonstrada para com os desafios da execução orçamentária e financeira — o que gerou suspeitas de uma certa promiscuidade político-administrativa por parte de seus críticos — e nos esforços para a profissionalização do centro de governo (a despeito de no governo Bolsonaro a Casa Civil ter tido quatro ministros).

Os profissionais absorvidos pela segunda visão consolidaram uma visão punitiva de erros por eles diagnosticados, em boa medida influenciados pelo furor lavajatista que se instalava no país, com crescente apoio junto ao pleno da Casa. Embora os números não proporcionem evidências para essa conclusão, o temor do TCU passou a ser mais um álibi — mais ou menos crível conforme o caso — que gestores comprometidos com a execução dos programas passaram a enfrentar. Dentre esses pressupostos, definidos pelo próprio TCU, destacam-se o abandono do princípio de presunção de inocência, a adoção da premissa *in dubio pro societate*, a utilização de um constructo ideal para balizar decisões constituída pelo que seria o administrador médio, o estabelecimento da responsabilização dos atos da administração como fundamento do seu trabalho e o relevo do dolo na penalização de gestores — mesmo com o reconhecimento de que não havia intencionalidade, o TCU se amparava na tese de que, tendo ocorrido dano ao erário, a penalização era inescapável.

A terceira visão foi, entretanto, a mais grave e a mais subestimada: tratava-se do entendimento de obrigações relacionadas com a contabilidade pública e a legislação orçamentária e financeira. O TCU vinha apontando problemas e inconsistências, mas os problemas vinham sendo relevados até que as ocorrências das chamadas "pedaladas fiscais" ou "contabilidade criativa", no ano de 2014, instrumentalizaram o TCU para recomendar ao Congresso Nacional a rejeição das contas de 2014 da presidente, estimulando a abertura do processo de impeachment. A iniciativa do Tesouro Nacional de utilizar recursos de bancos estatais para o custeio de programas sociais e de fomento à agricultura, sem configurar operações de crédito, era um expediente até então comum entre a Secretaria do Tesouro Nacional (STN) e as estatais, ocorrido em diversos governos, embora fosse irregular. Só que tomou uma proporção política de grande repercussão e contribuiu para a fundamentação do pedido de impeachment. O TCU sistematicamente alegou ter a lei do seu lado nesse episódio. Já seus críticos argumentam que o controle externo se utilizou de tecnicalidades para montar um processo de proporções incompatíveis com a dimensão política que adquiriu.

Os governos Temer e Bolsonaro contaram entre seus quadros dirigentes com egressos e aposentados do TCU em seu primeiro escalão. O alinhamento político possibilitou a retomada do diálogo do órgão com o Executivo em proporções sem precedentes. No passado, o TCU era decorativo. No presente, tornou-se partícipe ativo da esfera decisória nacional, para o bem quando seus quadros técnicos agregam valor às decisões em construção no Executivo, para o mal quando o punitivismo e a politização turvam o comportamento dos seus quadros. A CGU — integrante do Poder Executivo — também tinha seus quadros cedidos para cargos no governo, inclusive em proporções maiores, porém sem as mesmas consequências e dimensões políticas.

O próximo governo não poderá se dar ao luxo de ignorar a força da instituição e seu peso junto à administração pública federal. Romarias a ministros do TCU para acertos por cima não fazem mais parte da cultura da Casa — ou, pelo menos, não são mais suficientes como no passado —, a despeito do comportamento politizador de um ou outro ministro. As assimetrias em parte se aprofundaram. Ou o Executivo se estrutura para um relacionamento em novos patamares ou será cada vez mais tutelado por um órgão que tem o poder de mobilizar, cada vez mais, o temor da ação na burocracia de Estado. O resultado está aí. Depois da judicialização e da criminalização, a inação tomou conta de vários setores da Esplanada, ainda que essa afirmativa não possa ser generalizada. Em vários setores, o diálogo construtivo com o TCU proporcionou o avanço de iniciativas e de políticas públicas específicas, como nas áreas econômica e de infra-estrutura (concessões, 5G etc.). A retomada da governação pelo governo não será simples.

Conclusão

A narrativa do descontrole dos controladores é sedutora. Tem aderência e apelo na Esplanada. Há sempre alguém que conhece alguém que responde a processos administrativos na CGU ou que foi condenado pelo TCU — a questão da culpabilidade fica sempre obscura. Fatos e anedotário se misturam. Se essa visão da realidade é verdadeira ou não depende de muita pesquisa e análise. As evidências não estão facilmente disponíveis. CGU e TCU são órgãos razoavelmente transparentes. Isso, no entanto, não significa que seus dados sejam amigáveis e inteligíveis para leigos. Demandam tratamento e aprofundamento.

A aprovação das alterações na Lei de Introdução às Normas do Direito Brasileiro (LINDB), em 2018, e da Lei de Improbidade Administrativa, em 2021, foram, respectivamente, duas respostas da burocracia e do sistema político à percepção de que os controladores estariam abusando de suas prerrogativas, aproveitando-se de imperfeições e insuficiências das legislações em vigor para investir contra burocratas e parlamentares. A mídia apresentou ambas as medidas como favoráveis a práticas de corrupção — martelando a tese de que a corrupção é, e continua a ser, o maior problema do país, tese esta que serve de plataforma política para múltiplas finalidades. Em ambos os casos, no entanto, restabeleceram-se premissas e procedimentos associados ao respeito ao Estado de direito e ao devido processo legal que não estavam devidamente protegidos pela legislação.

O raciocínio da burocracia é simples: "É o meu CPF que está em jogo." Já a classe política opta pela denúncia do "apagão das canetas", que paralisa a administração, álibi para o risco da inelegibilidade. O que não se pode perder de perspectiva é o fato de que nem um nem outro órgão de controle respondem pelo protagonismo principal dessa situação: cabe ao próprio Executivo equilibrar o jogo.

Não há desculpas plausíveis para os déficits de capacidade em ministérios como o da Saúde e o da Educação. Não há como justificar a ausência de supervisão ministerial das estatais, por onde flui grande parte do investimento público. Não há como explicar a ausência da AGU no embate com os órgãos de controle em casos controversos e na ausência de uma atuação proativa e coordenada na provisão do conforto jurídico necessário à administração.

Os órgãos de controle tendem a julgar a si mesmos por parâmetros próprios. São autorreferentes. Além disso, boa parte de suas burocracias são engajadas nas respectivas missões. Entendem que estão agindo no interesse público ao atuar com zelo e no limite das possibilidades das legislações anticorrupção. É difícil recriminá-los por isso, embora o excesso de zelo não os torne inimputáveis.

Os controladores se beneficiariam muito de um exercício mais sóbrio da autocontenção. Mas quem pode enfrentar os problemas de fato é o Executivo — e se não o faz, fica exposto às interpretações variadas que os controladores fazem sobre si mesmos e sobre a atuação dos gestores públicos.

Dentre as características elementares da burocracia, a hierarquia e a previsibilidade são duas das mais importantes. Se os dirigentes são avessos a riscos e se há controvérsias sobre os riscos jurídicos envolvidos em atos administrativos, não é de surpreender a hipertrofia dos controles, em especial em contextos de assimetrias de capacidades.

A próxima Presidência da República deverá liderar um processo de mediação dos conflitos entre os órgãos de controle e os gestores públicos do primeiro escalão. O Controle Interno precisa ser visto como órgão de assessoramento direto da alta direção, que contribui para a gestão de riscos e a implementação de programas de integridade nos órgãos. Por seu turno, os gestores públicos precisam constituir diálogos positivos com os órgãos de controle externo, visando a aprimorar a governança pública e o bom alcance dos objetivos estratégicos de políticas públicas focadas nos cidadãos.

9. A questão do corporativismo: Entender o problema, para buscar soluções

Toda vez que se discute a temática da reforma do Estado, o tema do "corporativismo" imediatamente é levantado. Ao termo são associadas várias questões — praticamente todas com conotações negativas. Antes de adentrar a clarificação desse cipoal de entendimentos, é interessante um brevíssimo retrospecto histórico da origem do termo, que na ciência política tem um significado distinto daquele utilizado nas discussões sobre serviço público.

Na sua gênese, o termo dizia respeito aos grupos profissionais organizados em torno das guildas na Idade Média, antecessoras dos conselhos regulamentadores das profissões de hoje, das quais os de advogados, engenheiros e médicos são os mais conhecidos.

Na ciência política do século XX, a ideia de corporativismo estava associada às formas de concatenação do processamento de conflitos de interesses da sociedade civil, organizados de forma associativa com os sistemas políticos decisórios do Estado. A tese era a de que a corporativização da representação dos interesses se constituiria na melhor forma de funcionamento do país — na prática, por meio de controle do conflito social pelo Estado na sua interação com os grupos associados de interesse.

O debate sobre o corporativismo no Brasil remonta à sua origem europeia, em países como Portugal, Itália e Alemanha. Em Portugal e na Itália, a ascensão do fascismo se apoiou fortemente no corporativismo. Nesses dois países, as duas ideologias foram mais longe do que em qualquer outro. Na Alemanha, o termo "corporativismo" remete a um regramento do sistema político que prevê a solução dos conflitos de classe por negociações entre representantes do capital e do trabalho mediadas pelo Estado — o triunvirato regulador da paz social.

As influências no Brasil foram profundas, desde a Revolução de 30. Em 1931, Vargas, como chefe do Governo Provisório, edita o Decreto nº 19.770, a Lei da Sindicalização, disciplinando a representação classista (exceto dos servidores públicos) e a defesa "perante o governo da República e por intermédio do Ministério do Trabalho, Indústria e Comércio" dos interesses de ordem econômica, jurídica, higiênica e cultural das classes patronais e operárias. Os sindicatos passaram a ser "órgãos de colaboração" com o poder público. Vargas foi eleito presidente, indiretamente em 1934, sob a égide da nova Constituição, fortemente influenciada pela lógica corporativista. A Carta de 1934 foi a primeira — e única — a prever, expressamente, a representação classista no Congresso Nacional. Ao longo desse período, mas também sob o regime ditatorial de 1937, o corporativismo floresceu, culminando na edição da CLT, em 1943. As legislações trabalhista e empresarial possuem origem sindical e classista, baseadas em uma visão de sociedade segmentada em sindicatos e corporações setoriais. E persistem, ainda hoje, traços marcantes do corporativismo, como a unicidade sindical e os serviços sociais autônomos do Sistema S, geridos pelas grandes confederações patronais. Essa concepção política, portanto, expressa na obra *O século do corporativismo*, de Mihaïl Manoïlesco e publicada em 1936, que propunha o corporativismo como uma alternativa ao liberalismo e ao comunismo e teve marcante influência no Brasil do fim da década de 1930, a partir da tradução de Azevedo Amaral, em 1938, reflete uma visão de dominação ou *domesticação*. Essa visão foi traduzida por Philippe Schimitter em seu seminal artigo, publicado em 1974, "Ainda o século do corporativismo". Segundo Schmitter, trata-se de um sistema de representação de interesses em que as unidades constituintes estão organizadas em um número limitado de categorias singulares, obrigatórias, não competitivas, hierarquicamente ordenadas e funcionalmente diferenciadas, reconhecidas ou licenciadas (se não criadas) pelo Estado e titulares de um monopólio de representação das respectivas categorias. Em contrapartida, essas unidades se sujeitam a certos controles sobre sua seleção de líderes e articulação de demandas e apoios, e, assim, o corporativismo é meio não somente de concertação social e intermediação de interesses, mas também de regulação social, através não apenas do reconhecimento, mas da própria *autorização* para o funcionamento dessas organizações.

Dois outros esclarecimentos ainda se fazem necessários quando se fala do "corporativismo". O primeiro trata do universo da regulação privada de organizações públicas. O segundo refere-se ao uso do termo "corporativo", ou "corporativa", no âmbito do mundo do setor privado, da lógica empresarial.

O primeiro esclarecimento diz respeito ao mundo celetista do serviço público. As empresas estatais e demais órgãos públicos cujo regime empregatício é o celetista, isto, é, regido pela CLT, não são tratados no âmbito da legislação do serviço público estatutário, regido pelo Estatuto dos Servidores Públicos, a Lei nº 8.112 e suas alterações posteriores. Isso quer dizer que, ao nos referirmos ao Banco do Brasil, por exemplo, estamos falando das negociações salariais envolvendo a categoria dos bancários. Cada contingente de funcionários de uma estatal está vinculado a uma categoria sindical específica, representada por uma entidade sindical única em cada base territorial. Não se trata, aqui, de uma referência genérica ao governo, mas da negociação entre a categoria de empregados e seus patrões. São os sindicatos, e suas federações e confederações, que detêm a prerrogativa da negociação coletiva e do ajuizamento de dissídios coletivos na Justiça Trabalhista, o que não se aplica ao servidor estatutário.

Esses, embora possam se sindicalizar, não têm, ainda, assegurado o direito à negociação coletiva, e suas demandas remuneratórias ou funcionais, em regra, dependem de lei — cuja iniciativa é privativa do Executivo, do Legislativo ou do Judiciário — para serem implementadas, mesmo quando resultantes de "acordos".

O segundo esclarecimento relevante é que o sentido do termo "corporativo" no mercado privado é outro. "Corporativo" significa o que diz respeito à lógica da organização. "Liderança corporativa", "governança corporativa", "gestão corporativa", "ótica corporativa" e outros termos não têm nada a ver com o sentido que se atribui, de forma equivocada ou não, ao termo "corporativismo". Referem-se às "corporações" no sentido de empresas, originado do inglês *corporation*, que define as pessoas jurídicas estruturadas em torno de um capital para a exploração de atividades econômicas. Há uma pequena interseção quando se fala em comportamento corporativo, que pode ir tanto para uma direção, empresarial, quanto outra, corporativista. Mas, no geral, são conceitos que dizem respeito a mundos muito distintos, apesar do termo comum.

Feitas essas considerações, a visão do corporativismo no mundo do trabalho tem duas matrizes: a relacionada aos sindicatos e às carreiras, em especial no serviço público, em face da permeabilidade dos governos e suas organizações às respectivas demandas.

No caso da primeira matriz, quase quarenta anos após a redemocratização, o movimento sindical ainda é associado na mídia com ameaças comunistas, práticas violentas, movimentos grevistas e tentativas de contestação da ordem pública — embora nenhum desses rótulos possua adesão na realidade. A alimentação desses fantasmas se dá pela ação da mídia, com base em medos, amplificação de episódios irrelevantes e construção de "ameaças" à paz social quando elas simplesmente não existem.

Já a segunda matriz de entendimento se nutre de evidências mais concretas, ainda que mais nebulosas, nesse caso em função do silêncio cúmplice dos meios de comunicação, receosos de serem objeto de retaliações por parte dos protagonistas mais poderosos desse tipo de debate. O Judiciário e o Ministério Público são das instituições mais opacas do país, e isso não ocorre por acaso. Entendem que a sociedade não tem condições de compreender a natureza do que fazem e a justeza de seus vencimentos. Isso ocorre também no Executivo — a AGU, os militares, o Fisco e o Itamaraty são casos clássicos — e no Legislativo, cujo sistema de remuneração de quadros permanentes ou ocupantes de cargos de confiança (que são majoritários) é *sui generis*, para se dizer o mínimo.

A sociedade brasileira é, em geral, desinformada sobre a herança varguista no que diz respeito ao corporativismo relativo às máquinas sindicais dos trabalhadores e dos empresários. Os incentivos à fragmentação das representações dos trabalhadores, por exemplo, só são inteligíveis quando se conhece a racionalidade econômica por trás das iniciativas de se criarem sindicatos. No âmbito empresarial, são regras de origem semelhante, nesse caso, de lastro federativo, que explicam o fato de que São Paulo dificilmente algum dia terá um representante do estado à frente de uma Confederação Nacional da Indústria (CNI), embora responda por aproximadamente metade do produto industrial do país.

Nesse ambiente confuso de entendimentos e de tratamento ideológico por parte da mídia, se equiparam vários "corporativismos", como o dos professores das escolas públicas, dos procuradores, dos policiais militares, dos fiscais de impostos, dos profissionais de saúde (em especial dos médicos), dos juízes etc.

A mídia, ao tratar todas as categorias profissionais do funcionalismo da mesma forma, de maneira nebulosa e desinformada, tende a favorecer o *statu quo* e as categorias profissionais com maior poder de fogo sobre o governo.

Na raiz do ressentimento da sociedade contra o "corporativismo" encontra-se a convicção de que os benefícios auferidos por esses profissionais são incompatíveis com a função pública, com a correta e justa utilização dos recursos públicos. Há uma crença de que os benefícios e as condições salariais dessas categorias não são aceitáveis e de que sobrevivem à custa de barganhas com a classe política à revelia dos interesses da sociedade. A opacidade dessas condições de trabalho tende a amplificar essa visão negativa e contribuir para a maior dificuldade do trato do problema.

Nesse pacote de benefícios, os salários ocupam lugar de destaque. No âmbito do Executivo federal, por exemplo, a cadeia alimentar tem no seu topo os advogados da União, os fiscais da Receita Federal e os delegados da PF, com os diplomatas correndo por fora em função de suas condições de trabalho diferenciadas, no exterior. O pessoal do Banco Central, do Tesouro, do Planejamento e Orçamento, os gestores governamentais e as carreiras de agências reguladoras tentam assegurar seu "status" e sua valorização, na sequência da escala salarial. Seguem-se dezenas de outras carreiras distribuídas pelos vários segmentos da administração pública federal.

Há conjunturas em que esses salários chamam a atenção pelos altos valores, sem que necessariamente isso se traduza em melhor desempenho, e outras em que ocorre o contrário, são tão baixos que a evasão de profissionais é alta e as atividades desenvolvidas perdem em qualidade. Para a mídia, o *script* é sempre o mesmo, mas não é bem assim. Os valores relativos dos salários variam, tendo tido seus piores momentos no início das décadas de 1980 e 1990 e seu pico no fim da primeira década deste século.

A dinâmica da movimentação dos salários precisa ser observada no particular, entretanto. É necessário verificar o que ocorre no âmbito de cada carreira. Os movimentos salariais das carreiras não são necessariamente sincronizados. Em geral, o que se observa é um carrossel, uma espécie de "corrida maluca", com todas tentando se aproximar daquelas com melhor remuneração, independentemente de parâmetros internacionais ou de mercado. A ausência da revisão geral anual para garantir a reposição de perdas inflacionárias (mais do que ganhos reais) e o desrespeito à "data-base", diferentemente do que ocorre no setor privado, acaba fomentando esse processo.

Para a opinião pública, a imagem é a de uma incessante — e generalizada — busca por vantagens a qualquer custo. Não há, nem da parte do governo e muito menos por parte da mídia, um esforço, por exemplo, para publicizar as especificidades dos variados tipos de atividade. As próprias carreiras hesitam também em apresentar a realidade das suas condições de trabalho, caindo eventualmente em posturas pautadas por oportunismo negocial, no contexto de barganhas permanentes. E, na definição das remunerações, é letra morta o art. 39, § 1º da Constituição, segundo o qual devem ser observados, na fixação dos padrões de vencimento e dos demais componentes do sistema remuneratório, "a natureza, o grau de responsabilidade e a complexidade dos cargos componentes de cada carreira", "os requisitos para a investidura" e "as peculiaridades dos cargos".

A promoção da desinformação coloca todo o funcionalismo sob permanente suspeita de práticas eticamente indefensáveis e injustas, mesmo quando não são ilegais. O direito de greve, até hoje não regulamentado, é sempre visto como ilegítimo, pois quem é penalizado é o cidadão — não o governo.

Sucessivos governos — em especial os estaduais — patinam em círculos há décadas. Não surpreendentemente, acordos salariais em alguns estados com os grandes contingentes de professores e policiais militares têm produzido o desequilíbrio das contas públicas e produzido a derrota — ou a eleição — dos governantes envolvidos. Em resposta a essa situação, alguns governadores têm recorrido a outros regimes de trabalho, temporários e sem vínculos, para diminuir o poder de barganha dessas corporações.

No entanto, corporativismo que lidera as desconfianças da população — inclusive do próprio funcionalismo — é o que se verifica no mundo das estatais e no universo jurídico do Judiciário e do Ministério Público. A melhor forma de lidar com esse fenômeno é, como em quase todos os problemas que ocorrem no setor público, a transparência e a publicização das informações sobre como funcionam esses mundos.

A governança das estatais é um problema histórico na administração pública brasileira. O fracasso da implementação do princípio da supervisão ministerial, previsto pelo Decreto-Lei nº 200 em 1967, levou a sucessivas tentativas infrutíferas, tanto do regime autoritário quanto dos governos democráticos, de estabelecer um monitoramento efetivo das empresas estatais. Não é surpresa o fato de que a maioria dos variados escândalos de corrupção da administração pública federal tenha ocorrido em empresas estatais. Cabe o registro de que não se trata apenas de práticas ilegais e criminosas. São questões relacionadas ao *modus operandi* dessas empresas que abrangem: as tabelas salariais — presumivelmente competitivas em relação ao mercado —, a remuneração variável das diretorias, os fundos de pensão dos funcionários, os processos de criação de subsidiárias, os procedimentos de compras, os gastos com comunicação institucional etc. Apenas após a eclosão da Operação Lava Jato, os órgãos de controle interno (CGU) e externo (TCU) passaram a ter acesso às informações administrativas dessas empresas. Combinado com a ausência de rotinas adequadas de supervisão ministerial, o universo das empresas estatais não era do alcance dos sistemas institucionais da administração pública federal. Apenas após a aprovação da nova Lei das Estatais esse quadro começou a mudar — mesmo assim, sobrecarregado por formalismos, equívocos relacionados aos papéis da direção e do conselho de administração, e pela incapacidade de produzir mecanismos gerenciais de supervisão.

No caso do Judiciário e do Ministério Público, quatro razões contribuem para as suspeitas da sociedade em relação às suas práticas "corporativistas". A primeira é a desinformação sobre em que consiste o trabalho dos profissionais nessas áreas. Uma mistura de opacidade e temor reverencial pela justiça mantém a sociedade à distância do universo do direito. A segunda é a capacidade de auto-organização de ambos, à revelia do conjunto da administração pública, amparada no seu próprio entendimento do que seja a autonomia dos poderes. A forma como se estabelecem as diárias do Ministério Público, por exemplo, é um percentual do salário (1/30 do subsídio), não um valor fixo, o que aumenta muito esses valores. A terceira é a adoção de práticas questionáveis e claramente indefensáveis, como no caso que ocorreu com o auxílio-moradia, pago irregularmente a juízes que recebiam o benefício, mesmo sendo proprietários de imóveis nas cidades em que atuam. A quarta é a ausência de parâmetros comparativos sobre as práticas internacionais no trato de ambas as funções. As poucas comparações internacionais disponíveis sugerem que os custos de transação do Brasil com o mundo jurídico são muito mais elevados que os de países desenvolvidos e países emergentes. Isso gera a suspeita de que o país sustenta uma classe aristocrática, fruto de um bacharelismo que já não existe nem nos países europeus onde se inspirou. A ordem jurídica brasileira, que perpassa o Judiciário, o Legislativo, o Tribunal de Contas, o Ministério Público e o próprio Executivo, possui custos e entrega resultados que precisam ser conhecidos pela sociedade para que esta possa julgar por si própria se essa conta fecha.

Para finalizar, é importante jogar um pouco de luz sobre o papel das mídias, tradicionais e digitais. É compreensível que a primeira obrigação seja com suas receitas. Trata-se de uma concessão pública, no primeiro caso, e, no segundo caso, ainda não se sabe ao certo. A regulação das *big techs* engatinha no plano global, com a União Europeia sendo a pioneira nesse processo ainda incipiente. As mídias têm a responsabilidade tanto pela reprodução do corporativismo quanto pela desinformação deliberada que cerca o debate. O melhor exemplo é a forma como se portam em relação aos governos estaduais, como, por exemplo, os de São Paulo, Rio de Janeiro e Minas Gerais — que, nesse caso, não estão "longe", como no caso da administração pública federal. Ou as mídias seguem sócias do corporativismo, como acontece hoje — validando ou legitimando alguns excessos e preconceitos, pela forma equivocada como abordam o serviço público —, ou radicalizam na busca sistemática por uma transparência sem a qual a sociedade não tem como reagir a esse processo histórico de captura de recursos públicos de grupos de nossa elite estatal.

10. A destruição administrativa do governo Bolsonaro

Jair Messias Bolsonaro foi eleito em um contexto de profunda crise da classe política e dos partidos tradicionais. Sua eleição foi consequência política, entre outras coisas, do chamado "Lavajatismo" — esse processo de expansão dos órgãos de controle sobre todas as esferas da administração pública. O discurso do ex-capitão combinava uma ruptura profunda perante a Nova República — materializada na defesa intransigente da Ditadura Militar — com um discurso radical-liberal de desestatização.

A administração pública é um problema para autocratas

A administração no modelo weberiano, de um corpo burocrático, autônomo e técnico, é um problema para os autocratas. Quanto mais profissionalizada uma administração pública, menos permeável ela é aos ditames do governo vigente. Quanto mais profissional a administração, menor a propensão ao autoritarismo.

A maneira como as administrações na Europa foram reconstruídas após a Segunda Guerra Mundial buscava formar uma administração fiel às instituições democráticas. Esse esforço foi particularmente importante na França, país onde grande parte do Judiciário e do funcionalismo aderiu ao nazismo na ocasião da invasão alemã, em 1940. Apenas um magistrado francês se recusou a obedecer às ordens do invasor e foi preso e morto por sua resistência. Jean Zay havia sido ministro da Educação nos anos 1930 e, na época, já alertava para a importância da formação de um alto funcionalismo público comprometido com o Estado de direito e a democracia. Sua ideia era a de montar uma escola de administração pública, projeto enterrado na época pelo Legislativo. Com o fim da guerra, e sob a direção do general Charles de Gaulle, a ideia de Zay foi retomada e deu origem à fundação da ENA. O alto funcionalismo deveria passar por um concurso extremamente rigoroso, teria uma formação republicana e democrática e embarcaria na administração em cargos de direção. O ideal de Zay vingou, e o que se vê até hoje na França é uma administração profissionalizada comprometida com a democracia e que resiste a toda tentativa de destruição da máquina pública. Foram esses profissionais que resistiram à tentação de reforma radical da NPM. Ao contrário de outra grande administração, o Reino Unido, que não resistiu à década brutal do Thatcherismo (1979-90) e subsequentes investidas de Major (1990-97) e Blair (1997-2008). O Estado britânico é uma pálida representação do que foi, as políticas públicas não têm a mesma qualidade que anteriormente. Ainda assim, a resiliência do alto funcionalismo francês não foi capaz de segurar algumas iniciativas demagógicas de Emmanuel Macron, dentre as quais extinguir a própria ENA.

Existe uma literatura importante sobre a burocracia de nível de rua, isto é, do funcionalismo que implementa as políticas públicas. Essa literatura destaca a importância da resistência desses funcionários a tentativas de reformas demasiadamente radicais ou antidemocráticas. Portanto, um governo explicitamente antidemocrático como o de Jair Bolsonaro precisa destruir a administração para poder perseverar e alcançar seus objetivos.

As mais consequentes resistências ao governo Bolsonaro vieram de funcionários públicos concursados que combateram os abusos e arroubos autoritários do presidente. Para dar dois exemplos, na área ambiental temos Ricardo Galvão e Eduardo Saraiva. Em 2019, Ricardo Galvão, então diretor do Instituto Nacional de Pesquisas Espaciais (INPE) contestou o discurso do presidente e de seu então ministro do Meio Ambiente, Ricardo Salles, e mostrou os verdadeiros dados de desmatamento. Em 2021, foi a vez de Eduardo Saraiva, então superintendente da PF no Amazonas, que denunciou um esquema de tráfico ilegal de madeira que envolvia diretamente o próprio ministro. No Ministério da Saúde, quem fez a denúncia do superfaturamento na compra de vacinas, conhecido como Escândalo da Covaxin, foi também um funcionário de carreira do ministério, Luis Ricardo Miranda.

É claro que a estabilidade e autonomia não são garantias de que a administração pública escolherá resistir aos arroubos autoritários. O Itamaraty, provavelmente um dos mais estáveis e independentes corpos do Estado, e portanto com maior capacidade de resistência, surpreendeu a todos na sua baixa capacidade em resistir aos arroubos do ministro Ernesto Araújo. Nem durante a Ditadura Militar vimos um Itamaraty tão passivo e pouco apropriado da política externa. Embaixadores em diversos países adotaram um posicionamento de representantes de Bolsonaro, retaliando os jornais estrangeiros a cada matéria crítica ao presidente, corroendo, portanto, as relações bilaterais com uma série de importantes parceiros.

A destruição promovida pelo minimalismo de Guedes

A destruição da administração não é motivada apenas pela tentativa de reduzir as resistências internas às políticas de governo e o avanço do estado de exceção. Existe uma segunda motivação, que é a agenda ultraliberal de Paulo Guedes. Essa posição não é tática, é ideológica.

Guedes não acredita na importância do Estado e busca reduzir seu papel às funções regalianas, como era a estrutura na República Oligárquica (1889-1930). A primeira decisão foi a de eliminar importantes ministérios e colocá-los todos abaixo do Ministério da Fazenda.

Foram eliminados ministérios históricos com importância histórica. O Ministério do Trabalho, fundado em 1930 e que permaneceu intacto, inclusive no período da Ditadura Militar, foi extinto. O Ministério de Indústria e Comércio, fundado no fim do governo JK, em 1960, e que foi responsável por anos em dirigir as políticas de desenvolvimento do país, foi extinto. O Ministério do Planejamento, fundado como Ministério Extraordinário em 1962 e tornado permanente em 1967, responsável pela execução orçamentária e pela gestão de pessoas, foi extinto. O Ministério da Previdência Social, fundado em 1974, que representa um dos maiores orçamentos da União, já tinha sido absorvido pela Fazenda em 2018. Todos esses ministérios se tornaram secretarias subordinadas ao Ministério da Fazenda, rebatizado de Ministério da Economia.

Desse jeito, a área fiscal comanda toda a política econômica e administrativa do país. Os superpoderes conferidos a Paulo Guedes são únicos e sem precedentes em nossa história, e o resultado, como não poderia deixar de ser, é pífio. Quando a área fiscal passa a ditar, sem qualquer contrapeso, a integralidade da política, o país perde. A função da área fiscal é arrecadar e cortar custos. Onde, porém, arrecadar e de onde cortar? Essa decisão é política. Quem não tiver peso acaba sendo mais afetado. Ora, os sindicatos, por meio do Ministério do Trabalho, poderiam exercer essa pressão. O setor produtivo poderia fazer o mesmo por meio do Ministério da Indústria e Comércio. Os administradores e gestores poderiam pressionar por meio do

Ministério do Planejamento. A partir do momento em que a Fazenda assume as rédeas de tudo, as políticas públicas se tornam linhas de uma tabela de Excel que devem ser objeto de cortes.

A descentralização e o descontrole do orçamento

Um governo fraco e corrupto como o de Bolsonaro permitiu aos poderes Judiciário e Legislativo expandirem seus tentáculos sobre o orçamento. Parte importante do orçamento do Estado passa a ser decidido pelo Parlamento. O chamado "orçamento secreto" retirou do governo, em 2020 e em 2021, um montante próximo de 36 bilhões de reais.

As emendas parlamentares são previstas pela Constituição e ocorrem no processo de aprovação do Projeto de Lei Orçamentária Anual (PLOA). As emendas são, no fundo, uma espécie de puxadinho que os congressistas fazem no orçamento da União. Existem as emendas de bancada, as de comissão — em que deputados pleiteiam por recursos juntos —, mas também as individuais. Em 2021, cada parlamentar pôde apresentar até 25 emendas, totalizando cerca de 17,6 milhões de reais. Para além de ser uma ferramenta transacional que beneficia politicamente cada parlamentar, quando olhada em conjunto, são cerca de 10 bilhões de reais do orçamento cujo destino é escolhido individualmente por cerca de seiscentos parlamentares diferentes. Desde 2015, com as emendas impositivas, o Executivo fica obrigado a executar as emendas. A partir de 2019, as emendas de bancadas também se tornaram impositivas. Em 2020, surgem, então, numa aliança dos deputados do Centrão com Bolsonaro, as "emendas de relator com orçamento próprio", vulgo "orçamento secreto". A emenda de relator sempre existiu, mas ela servia para fazer pequenas correções técnicas no orçamento. Foi só para o orçamento de 2020 que foi criado um orçamento exclusivo para as emendas de relator a partir do orçamento de investimento dos ministérios. E já nesse primeiro ano, foram destinados mais de 20 bilhões de reais apenas para as emendas de relator, ou seja, o dobro de todas as emendas individuais. O relator não precisa dizer a que congressista a emenda diz respeito, só sendo possível compreender o verdadeiro beneficiário uma vez que a verba é executada. Daí o apelido de "secreto". A União já dispõe de um orçamento de investimento muito baixo (cerca de 1% do total), e grande parte dele é hoje definida pelos congressistas e não pelos ministérios. O poder de decisão foi retirado dos ministérios e colocado no Legislativo. Nesse contexto, não há como pilotar políticas públicas e grandes projetos.

A politização da máquina pública

Desde a sua eleição, o presidente da República adotou um discurso de "despetização da máquina pública", que na prática foi adotado por seus dois homens fortes, o então secretário-geral da Presidência, Gustavo Bebianno, e o ministro da Casa Civil, Onyx Lorenzoni. Vários servidores foram exonerados de ministérios. Só na Casa Civil, Onyx exonerou mais de trezentos, sob a alegação de que eram "petistas", muito embora grande parte deles nem sequer fosse filiada ao Partido dos Trabalhadores. Bebianno solicitava a todos os ministros e secretários-executivos que fizessem listas de servidores "petistas". Essa caça às bruxas tinha como único objetivo aparelhar a máquina pública com políticos e militares apontados por eles. Já são mais de 6 mil cargos comissionados destinados a militares no governo federal.

Servidores de carreira foram exonerados sobretudo em órgãos como o Instituto Brasileiro do Meio Ambiente e dos Recursos Naturais Renováveis (Ibama), o Instituto Chico Mendes de Preservação da Biodiversidade (ICMBio) e a Funai, nos quais os servidores de carreira foram retirados das posições hierárquicas e substituídos ora por policiais, militares da reserva, ora por algum militante de extrema direita. A título de exemplo, na Funai, as 39 coordenadorias regionais são ocupadas por pessoas que nunca trabalharam com a temática previamente. São em sua maioria militares da reserva. Como é possível, então, coordenar ou fazer funcionar o órgão nesse contexto? O Ministério da Saúde foi completamente aparelhado por militares da ativa, que passaram a assumir os cargos de ordenação de despesas e de compras de um dos maiores orçamentos da União.

Sob a desculpa da "despetização", o que se fez foi isolar os servidores de carreira, colocá-los na "geladeira", forçando a saída de muitos deles para a iniciativa privada, a academia ou a sociedade civil, e substituíram os técnicos por políticos afinados com Bolsonaro, sejam eles políticos profissionais, sejam eles militantes políticos (os policiais e militares que participam do governo). Nunca a administração pública foi tão ideologizada. Caso Bolsonaro venha a ser derrotado eleitoralmente, será necessária uma autêntica "desfascização" da máquina pública. Será necessário expulsar os militantes de extrema direita e trazer os técnicos de volta.

PARTE 3

Como construir um Estado para o século XXI

11. Mais diversidade na burocracia

Desde o início do livro, defendemos a importância de se ter uma burocracia técnica, profissionalizada, que garanta a continuidade dos serviços públicos. Ela é uma condição necessária para o bom funcionamento da democracia. No entanto, quando a burocracia sobrepassa seus limites, ela pode se tornar uma ameaça à democracia.

A *noblesse d'État*

A coexistência entre técnicos e políticos não é óbvia, pois ela gera conflitos. Do seu equilíbrio tênue, constata Max Weber, depende o sucesso das políticas públicas. Em outubro de 2022, Pedro Abramovay e Gabriela Lotta publicaram o livro *A democracia equilibrista*, que discorre sobre experiências vividas por Pedro Abramovay nos seus anos como secretário nacional de Justiça (2006-10). Fica claro, a partir de estudos de casos, que muitas vezes a política abafa a técnica, outras, a técnica abafa a política, e as políticas públicas bem-sucedidas advêm do equilíbrio entre técnica e política.

A profissionalização da burocracia, portanto, não resulta na completa solução dos problemas. Uma das burocracias mais profissionalizadas e avançadas do mundo, a França, foi objeto de estudos críticos por cientistas sociais, em particular pelo sociólogo Pierre Bourdieu. Bourdieu foi pioneiro em detectar as falhas do "Estado burocrático" e alguns dos valores que o sustentam, como a meritocracia, por exemplo. Dentre algumas das teorias formuladas por ele, se encontra a do "Estado dinástico", segundo a qual a tradição dinástica da monarquia absoluta que vigorou até o fim do século XVIII deixou marcas profundas na burocracia. A lógica dinástica — do direito divino, perpetuada nos laços de sangue — teria se atualizado na lógica meritocrática do serviço público. Se, na monarquia, o domínio privado do rei e o domínio público do Estado se confundiam, o mesmo efeito aconteceria entre os grandes corpos do Estado burocrático. Do ponto de vista sociológico, as carreiras de Estado na França se tornaram uma forma de perpetuação das famílias nobres que restaram do *Ancien Régime* [Antigo Regime].

Segundo Bourdieu, a burocracia não se comporta apenas como um conjunto de funcionários públicos que defendem as leis e as regras em detrimento da política para preservar o Estado. Ela é uma força social que se aproveita de sua posição para obter vantagens políticas para a categoria e para seus membros.

No Brasil, o Estado dinástico ocorre sobretudo em corporações mais antigas, como o Itamaraty e as Forças Armadas. É muito comum ver generais da ativa que são filhos e netos de militares, ou, ainda, embaixadores que são filhos e netos de diplomatas. Ainda hoje, costumamos encontrar sobrenomes de famílias "dinásticas" nas listas de admissão da Marinha ou do curso do Instituto Rio Branco (escola do Ministério das Relações Exteriores). Por seguir primeiramente uma lógica de reprodução social, esses corpos são mais conservadores do ponto de vista decisório. O Exército e o Itamaraty são corporações isoladas do restante da administração, com regimentos próprios, áreas-meio separadas das demais, e planos de carreira muito bem definidos. Qualquer reforma que se tente operar em qualquer uma das duas corporações enfrentará grande resistência.

Quem são os funcionários?

Falamos de funcionários de cima para baixo, sem apresentá-los. Como são? O funcionalismo público no Brasil é majoritariamente composto por negros (51,4%).[8] Nada mais natural, dado que, de acordo com as mesmas fontes, a população brasileira era composta, em 2019, por cerca de 55% de negros. No entanto, como já vimos no Capítulo 3, a grande maioria dos servidores atua para os municípios ou estados e recebe, em média, significativamente menos do que os servidores federais.

---

8. Atlas do Estado Brasileiro, IPEA, 2019.

Quando olhamos para o funcionalismo federal, além de a realidade salarial ser muito superior, a proporção de funcionários negros é significativamente menor. Um total de 56,6% dos funcionários federais é de brancos e apenas 35%, de negros. Vale ressaltar que, a partir de 2014, passou a ser implementada a política de cotas na administração e, ainda assim, a preponderância é de brancos. De acordo com Gabriela Lotta e Pedro Abramovay, "essa discrepância é ainda mais evidente nos cargos comissionados que são aqueles que exercem poder. Em 2019, os cargos comissionados, DAS-6 (situados logo abaixo dos ministros e, portanto, com alto poder e altos salários) eram ocupados da seguinte forma: 65% por homens brancos, 15,4% por mulheres brancas, 13,3% por homens negros e 1,3% por mulheres negras".[9]

Como já ressaltado no Capítulo 6, os governos FHC (1999-2002) e Lula (2003-10) foram positivos para a evolução e profissionalização da administração pública no país. Isso se refletiu na expansão da capacidade de atuação da administração e na quantidade de efetivos. Sob FHC, mais de 51 mil servidores concursados foram contratados. Esse número no governo Lula é três vezes maior, chega a quase 151 mil servidores. Em ambos os governos, foram priorizadas ora a contratação de áreas-meio (gestão, planejamento, orçamento, entre outros), ora das funções regalianas (Itamaraty, Polícia Federal, Receita Federal

---

9. Abramovay, Pedro; Lotta, Gabriela. *A democracia equilibrista*, Companhia das Letras, 2022.

expandiram seus quadros significativamente). Essas posições têm em comum o fato de que na maioria os funcionários são brancos e homens.

A profissionalização do Estado contribuiu para a reprodução social de classes sociais específicas em carreiras do Judiciário também. Essa homogeneidade sociológica é grave, pois ela afeta diretamente a maneira como são tomadas as decisões. A partir do momento em que funcionários concursados são muito parecidos, o corporativismo se alia à lógica de perpetuação de classe social. Procuradores de classe média alta foram protagonistas da prisão do ex-presidente Lula. Quanto o antipetismo, tão presente e difundido nessa classe social, não terá influenciado as decisões e os julgamentos?

Para democratizar o acesso à administração pública, não basta profissionalizar, é preciso romper com comportamentos de classe e de corporação. O próximo governo precisará olhar atentamente para essa questão.

Uma burocracia que seja próxima da cidadania

Um dos princípios mais importantes em políticas públicas é o da Proximidade. Para que o Estado possa efetivamente servir à população, ele deve estar perto dos problemas e das pessoas. Ora, historicamente, o Estado burocrático se baseia em linguagens e processos que são excludentes. Ao priorizar o direito administrativo como linguagem primordial, as burocracias acabaram por fortalecer carreiras especializadas e totalmente insulares. Os burocratas são incentivados a se especializarem ora em direito administrativo, ora em finanças públicas, e a trabalhar isolados em algum escritório em Brasília, longe da realidade da implementação das políticas públicas.

O esforço de descentralização é importante para aportar o princípio de Proximidade à administração. Mas ele não é suficiente. É preciso realmente atrair pessoas que vivenciam e experimentam os problemas de diferentes segmentos da população para poder formular e implementar soluções que de fato funcionem. Aportar maior diversidade não é apenas um imperativo ético, ele é também um imperativo técnico para que possamos alcançar políticas públicas efetivas.

É desejável que não apenas os servidores tenham contato real com a população, mas que a própria população tenha mais participação nos processos decisórios e na implementação das políticas. Existe ampla literatura científica que mostra que, quanto maior o grau de participação, maior também a confiança da população nas políticas públicas e na administração.

Uma burocracia representativa da sociedade brasileira

A burocracia federal difere muito da composição da sociedade brasileira. Existe uma sobrerrepresentação de homens e de pessoas brancas. Se quisermos ter políticas públicas que de fato solucionem problemas na vida das pessoas, precisaremos incluir o princípio da diversidade na construção e na prioridade de carreiras, dos concursos e da formação.

A primeira medida que requer atenção é repensar as carreiras a partir da visão de que servidores são mais do que especialistas. As formações em direito, economia, engenharia são em grande medida instâncias em que a reprodução social opera. Ter carreiras em que o conhecimento técnico-jurídico seja prioritário seguirá privilegiando a presença de homens brancos na administração federal.

As funções-meio e regalianas são facilmente capturadas por homens brancos. Historicamente, eles têm mais acesso à formação universitária (nunca tiveram o problema de exclusão que as mulheres e não brancos tiveram) e ocupam preponderantemente os bancos das salas de aula dos cursinhos privados que preparam para concursos. O que se pede no concurso é apenas passar em uma prova que teste os conhecimentos e macetes adquiridos num cursinho preparatório caríssimo, em que brancos e ricos saem sempre em vantagem. No entanto, existem outras carreiras que podem atrair um público mais diverso e requerer a mobilização de saberes plurais. É o caso das carreiras finalísticas — em particular nos ministérios da Saúde, da Educação e do Desenvolvimento Social (hoje, Cidadania). Essas carreiras não foram devidamente pensadas e construídas e certamente atrairiam pessoas de origens diversas para a Administração Federal. A função finalística está mais perto da ponta e o diálogo com a população é essencial para a boa execução do trabalho. Não basta ser um bom aluno em um cursinho caro. Essas carreiras tendem a valorizar mais as instituições participativas, dada a proximidade que têm com a entrega de serviços, e, portanto, passam a incorporar a participação no *modus operandi* do processo decisório burocrático. As carreiras desses ministérios devem ser tão valorizadas e desenvolvidas como são aquelas capturadas pelos homens brancos — Ministério Público, Judiciário, Itamaraty, Planejamento, Receita Federal, entre outros.

A segunda medida consiste em avançar nas ações afirmativas para o acesso e formação a todas as carreiras do Estado. Até mesmo em países menos desiguais que o Brasil, com uma burocracia "meritocrática", os homens brancos acabam sendo prevalentes no serviço público. É o caso da França, onde existe uma igualdade de condições de acesso ao Ensino Superior muito maior do que no Brasil. O alto funcionalismo francês, no entanto, é praticamente todo branco e majoritariamente masculino, em um país onde cerca de 20% da população não se declara branca. A meritocracia dos concursos, até mesmo onde existe educação básica universal e de qualidade, é limitada e tende à reprodução social. Por conseguinte, é necessário implementar políticas de ação afirmativa para democratizar o serviço público. Se isso é uma necessidade na França, o que dizer, então, do Brasil?

O aprofundamento das políticas de ações afirmativas e a constituição de carreiras nos ministérios finalísticos são os primeiros passos para obtermos uma administração federal mais diversa e que represente um pouquinho mais a realidade social do país. Uma burocracia mais diversa significa uma burocracia mais próxima da população, mais participativa e, sobretudo, mais efetiva na condução das políticas públicas.

12. Quem liga para a qualidade do gasto público?

Nas campanhas eleitorais, quando ainda se tratava de, digamos assim, prioridades de governo, os debates entre candidatos costumavam ser centrados em dois pontos: para quais áreas seriam destinados recursos e quantos recursos iriam para aquele setor — sempre dentro da premissa de que "quanto mais, melhor". *More, more, more.* Quando se tratava do gasto público não há dúvida sobre o que as pessoas queriam — e querem — ouvir.

Os desequilíbrios macroeconômicos e os processos inflacionários após a redemocratização foram levando a sociedade a compreender que a gestão dos recursos públicos, quando mal feita, prejudica em especial a maior parte da população que vive entre o salário mínimo e o desemprego. Ao longo das últimas décadas, foi surgindo um contraponto focado na austeridade e na minimização do papel do Estado. Quanto menos governo, melhor. Quanto menos tributos, melhor. Quanto menos atividades o Estado tiver, melhor. *Less is more.* A dominância fiscal se impôs e foi por muitos anos o paradigma prevalecente.

Os acontecimentos da última década na esfera da política, da economia e da sociedade embaralharam essas e várias outras discussões a ela associadas, no Brasil e no mundo. O ponto importante a se destacar é que, nos países desenvolvidos, o debate sobre planejamento nacional, política fiscal, execução orçamentária, capacidade gerencial e entrega de resultados para a população é um só. Não é o que se observa no país — independentemente da orientação do governo, essas discussões são praticamente desvinculadas umas das outras, a começar pela qualidade do gasto.

O governo pode gastar muito ou pouco, mas em ambos os casos pode gastar bem ou mal. Só que isso nunca é dito. Perdulários partem da premissa de que gastar muito é gastar bem. Austericidas entendem que gastar o mínimo é gastar bem. Não há como avançar nesse debate.

Se somarmos todos os percentuais do Produto Interno Bruto (PIB) considerados desejáveis para todas as políticas setoriais, provavelmente chegaremos a mais de 100% dos recursos disponíveis. Não importa. A disputa pelo orçamento é prioridade para todo ministro finalístico, que opera na ponta de áreas como educação, infraestrutura, saúde, ciência e tecnologia etc. Cabe ao centro do governo, formado pelas áreas política e econômica, fazer com que o cobertor se ajuste.

Um debate que ilustra essas tensões costuma ocorrer na esfera da saúde, amplamente reconhecida como subfinanciada, mas que enfrenta a relutância da área econômica em atender a suas demandas. A saúde pede mais recursos e exige o cumprimento dos percentuais previstos para o setor. A área econômica interpela a área de saúde com duas perguntas simples: como estão sendo gastos os recursos disponibilizados e no que serão gastos os recursos adicionais. A conversa trunca.

Na raiz desse tipo de diálogo de surdos existem vários pressupostos implícitos e alguns déficits de capacidade graves, sobre os quais vale a pena refletir e explicitar o que são rotinas — ou falta de rotinas — de governo, que a sociedade desconhece, particularmente em tempos de orçamento secreto e de desmoralização da Lei de Acesso à Informação.

A lei que rege a execução orçamentária financeira é de 1964, inspirada em um modelo norte-americano do pós-guerra. A ela somou-se a Lei de Responsabilidade Fiscal de 2001, fortemente condicionada por preocupações fiscais. Nenhuma das duas dialoga com as práticas orçamentárias modernas que vêm sendo adotadas no mundo e na América Latina desde os anos 1990.

Um passo atrás para se falar do planejamento. O Brasil tinha uma tradição histórica de planejamento governamental indicativa: o Plano de Metas, de JK; o Plano Trienal, de Celso Furtado; o Programa de Ação Econômica do Governo (PAEG), de Roberto Campos; o II Plano Nacional de Desenvolvimento (II PND), de Reis Velloso etc. A Constituição de 1988 transformou-o em uma rotina formal. Burocratizou-o. Criou o Planejamento Plurianual a partir do qual se depreenderiam orçamentos anuais, deslizantes e atualizáveis.

Essa liturgia planificadora teve seu último espasmo aspiracional na passagem do primeiro para o segundo mandato de FHC. Saiu-se de um pacote de 45 projetos, agrupados sob o nome Brasil em Ação, para um conjunto de quase quatrocentos programas de governo que constituíram o PPA 2000-03, batizado como Avança Brasil. Pretendeu-se institucionalizar mecanismos de avaliação de resultados via um sistema — o Sigplan. Mas já se sabia que não tinha como funcionar. A dinâmica orçamentária era organizada com base em órgãos e tipos de gasto e a do planejamento era estruturada com base em programas. Subestimando-se ou superestimando-se a receita, o país viciou-se no contingenciamento. Nos governos subsequentes, o PPA foi ficando cada vez mais irrelevante do ponto de vista de significado, até chegar ao governo Bolsonaro, quando foi reduzido a uma invisível rotina burocrática interna no Ministério da Economia.

A derrocada do orçamento foi mais lenta, uma vez que seu enraizamento legal é mais profundo e suas rotinas encontram-se no caminho crítico do gasto público. Infelizmente, o Brasil não foi capaz de adotar reformas orçamentárias simples que poderiam ter melhorado sua aderência e evitado sua progressiva dissociação de finalidade. A primeira era a adoção do orçamento plurianual. Há vários tipos de gasto cuja implementação vai além de um ano, como hidrelétricas, estradas e outros. Submeter esses projetos à disputa orçamentária anual favorece sua desaceleração e o aumento da ineficiência. A segunda é a adoção do chamado orçamento global, que permitiria aos agentes executores remanejar seus gastos de uma rubrica para outra sem necessidade de renegociar com a área econômica.

Isso pode ser feito, mas à custa de muita negociação e custos de transação. A terceira é a possibilidade de reinversão de receitas próprias, no caso de esforços de arrecadação como o de universidades públicas ou de ganhos de produtividade para além dos gastos estimados — sem dúvida, incentivos que melhorariam o desempenho orçamentário.

Na ausência dessas mudanças, as melhorias incrementais ocorridas ao longo das últimas décadas se ativeram ao arcabouço institucional proposto. O orçamento possui duas leis anuais que balizam seu funcionamento: a Lei de Diretrizes Orçamentárias e o Projeto de Lei Orçamentária Anual, propriamente dito. Dada a incapacidade de sucessivos governos reformarem o arcabouço institucional que rege a execução orçamentária, viciada em práticas de contingenciamento que distorcem o gasto público, o orçamento foi, por um lado, perdendo funcionalidade alocativa — em boa medida pela própria resistência da comunidade orçamentária em autorreformar-se — e, por outro, vendo o Congresso avançar sobre os gastos discricionários do Executivo. A primeira rodada foi no fim do primeiro mandato da presidente Dilma, quando se estabeleceu o "orçamento impositivo" para as emendas parlamentares. A segunda rodada ocorreu no início do governo Bolsonaro, quando a inexperiência da nova equipe econômica permitiu ao Congresso um controle maior de recursos do que o detido até então. Finalmente, no último ano do governo Bolsonaro, a adoção do "orçamento secreto" significou de fato a transformação dos presidentes da

Câmara e do Senado em detentores de significativa parcela de recursos a serem alocados sigilosamente em acordo com o relator do orçamento. O que isso tem a ver com a qualidade do gasto? Nada. Nem na melancólica trajetória do planejamento governamental, nem na erosão da robustez do processo orçamentário, não há nenhuma rotina, nenhum dispositivo que incida sobre a questão da qualidade do gasto público. Simplesmente não se coloca a questão do ponto de vista institucional. Tampouco se examinam, de forma conjunta, os gastos com investimento e gastos correntes em conjunto com as despesas de pessoal, como se uma não tivesse nada a ver com a outra.

Para tornar as coisas um pouco mais complicadas, todos buscam soluções para esses problemas no Tesouro, hoje no Ministério da Economia juntamente com o orçamento, mas historicamente no Ministério da Fazenda. O Tesouro trabalha com quantitativos e fluxos de recursos, de liberações. Não tem como problematizar os gastos porque não dispõe das informações sobre sua destinação última, seu impacto, suas consequências.

A Emenda Constitucional nº 19 introduziu o conceito da eficiência como princípio da administração. Até hoje, porém, a administração pública federal não regulamentou nenhum tipo de mecanismo institucional que o coloque no caminho crítico do gasto público.

Eficiência é uma relação entre insumo e produto, entre o que se gasta e o que se obtém em troca. Todo o arcabouço institucional do governo está estruturado com base em processos, sistemas e custos — mesmo assim, estes não são apropriados da forma mais didática, inteligível e estratégica. Poucas são as áreas do governo que possuem indicadores de produtos e de resultados — e quando os possuem, são fruto de um esforço do órgão setorial, não de demandas do centro de governo.

As reformas da gestão pública nos países desenvolvidos que ocorreram a partir dos anos 1990 valorizaram particularmente a ênfase na contratualização ou pactuação de resultados. Nesses debates, as áreas econômicas, financeiras, gerenciais e de políticas públicas dos governos debatiam nos mesmos termos e a implementação das reformas era responsabilidade de todos. No Brasil, cada área dessas possui carreira própria, secretaria própria, sistema próprio e cultura corporativa própria. Esses grupos guerreiam entre si por poder, espaço e recursos. Nem mesmo o fato de estarem todos sob o mesmo teto no período 2019-22 propiciou a resolução desses problemas, embora tenha contribuído para maior aproximação das áreas.

Feitos esses esclarecimentos, o que fazer para lidar com essa situação? Se a qualidade do gasto público não tem como ser avaliada, o que dizer da produtividade do trabalho no setor público? Talvez a questão não seja tão impossível assim. Um caminho é observar como outros países lidam com o desafio.

Não quer dizer que o Brasil precise adotar as mesmas soluções. Mas pode aprender com elas e, quem sabe, "tropicalizá-las", isto é, adaptá-las ao contexto nacional.

Em 2016, ainda no governo Dilma, deu-se um passo importante na problematização do gasto público. Foi criado o Comitê de Monitoramento e Avaliação de Políticas Públicas, que incluiu a Casa Civil, o Ministério da Fazenda, do Planejamento e a CGU. No governo Temer, o Conselho de Monitoramento e Avaliação de Políticas Públicas (CMAP) consolidou-se e foi criado o Comitê de Monitoramento de Avaliação de Subsídios da União (CMAS). Ambas as iniciativas, ainda em seus primeiros anos, refletem uma crescente consciência da área econômica de que é preciso um acompanhamento e uma avaliação em tempo real de como estão sendo gastos os recursos públicos.

O lócus ideal para essa conversa ter início é, sem dúvida, quando uma proposta entra no orçamento. No Brasil, agimos como se sempre fosse possível arrumar dinheiro para coisas novas que não fizeram parte do orçamento aprovado no ano anterior. Há uma expectativa de que se dê um jeito, de que se encontre uma fórmula para acomodar uma nova ideia, uma demanda inesperada, mas, naturalmente, não há a menor preocupação com o que terá que ser desalojado para a internalização das novas despesas.

Se cada nova iniciativa de gasto for submetida a um escrutínio inicial, isso já assegura pelo menos a eliminação de ideias despropositadas, mesmo que politicamente defensáveis. Países como o Reino Unido e o Chile possuem um filtro sofisticado para a admissão de uma proposta no orçamento, na época apropriada de sua formulação.

Isso não significa que todos os tipos de gasto precisam ser submetidos a rigorosas análises de custo-benefício. Nem todas as despesas são passíveis de mensuração dessa natureza. Mas projetos de investimento, gastos com escolas e hospitais, por exemplo, hoje possuem parâmetros de referência que permitem análises mais razoáveis de sua economicidade.

Todo o debate em torno de "políticas públicas baseadas em evidências", hoje revivido como se fosse uma grande novidade, é fundamentado em dados e parâmetros econômicos e financeiros, embora não se reduzam a eles. Em tese, todas as políticas públicas sempre deveriam partir de avaliações *ex-ante* baseadas em evidência. O fato de a maioria não ser assim mostra que há um grande espaço para se aprofundar esse tipo de abordagem, sempre lembrando que políticas, programas, projetos, gastos etc. não são a mesma coisa.

Não se trata de colocar a eficientização do gasto como o centro da execução orçamentária financeira. Seria irreal, aspiracional e provavelmente geraria efeitos colaterais indesejáveis, como *gaming*. No entanto, um mínimo de preocupação com custos e benefícios envolvidos, por exemplo, em gastos acima de certos patamares, ajudaria o governo a incorrer menos em problemas de ineficiência, desperdício e corrupção.

A revolução tecnológica propiciou um outro nível de tratamento para os chamados *big data*. Cálculos que, no passado, eram virtualmente impossíveis, seja em função de tempo, de custo, seja de disponibilidade de dados, hoje são possíveis em tempo real. A "dashbordização" da gestão redefiniu as possibilidades de modelagem de problemas e decisões. Restam as questões do discernimento e da capacidade de julgamento — dimensões inescapáveis da política, dos interesses e dos valores em jogo. Vive-se um momento de oportunidades extraordinárias em relação às possibilidades de se lidar melhor com a qualidade do gasto público. A questão reside no seu aproveitamento. Nessa nova conjuntura emerge, em várias instâncias de governo, o debate sobre transparência do gasto. A sociedade dispõe, hoje, do ponto de vista do potencial das tecnologias, de todos os meios necessários para monitorar como os recursos dos contribuintes são alocados.

O fato de o Congresso e de o Executivo terem se aliado recentemente para promoverem a desmoralização da Lei de Acesso à Informação é um retrocesso democrático que, na prática, nada mais é do que um artifício cujo propósito é eclipsar a briga pelo poder de capturar recursos públicos para o atendimento de interesses particulares.

Na raiz dos problemas de corrupção nacionais encontra-se a prosaica disputa por recursos, percebidos como sendo mais facilmente obteníveis por práticas protegidas pelo manto da política. Não surpreendentemente, a população brasileira tem uma profunda desconfiança em relação às atividades políticas, à classe política, à burocracia, ao Legislativo e ao Judiciário, porque suspeita que estejam em permanente conluio com o intuito de utilizarem recursos públicos para fins particulares por meio de mecanismos opacos, que escapam ao escrutínio democrático.

O foco na discussão da qualidade do gasto desdobra-se para além dos pontos mencionados anteriormente. Desemboca em um debate mais difícil sobre a produtividade do gasto público, que inclui tecnologia, trabalho, desempenho, capacidades e desenvolvimento institucional. Cada uma dessas questões é uma temática à parte, embora todas sejam interdependentes umas das outras.

A aceleração da transformação digital provocada pela covid-19 abre espaço para algumas janelas de oportunidades relativas a essas temáticas. O aproveitamento dessas frestas não é automático e pode agravar problemas ao invés de solucioná-los. O trabalho remoto, por exemplo, é uma espetacular chance para se problematizar o desempenho e a produtividade do serviço público, abordado dessa forma.

A maior dificuldade em relação ao enfrentamento da problemática do gasto público reside no próprio governo, em especial na área econômica, no Judiciário e nos quadros permanentes do Congresso e do TCU. Essas burocracias são, hoje, todas sócias do problema. Não há como enfrentá-lo sem que se olhem no espelho, sem que cortem na própria carne e sem que mudem seu *modus operandi*. Dificilmente o farão de forma voluntária, a despeito de eventuais esforços de empreendedores públicos aqui e ali. Essa é uma tarefa que cabe à classe política, porque é a única que tem um mandato inescapável de buscar o interesse público de forma sistemática.

Não se trata de assunto que se "resolva" de uma hora para outra. Demanda novas rotinas, novas governanças, novos protagonistas e novos métodos. Demanda, acima de tudo, a compreensão do que se trata, porque, do contrário, as resistências serão ainda maiores do que aquelas obviamente previsíveis.

13. Precisamos de um Ministério da Gestão Pública?

Diversas pessoas, várias instituições, setores da economia e segmentos do sistema político que são sensíveis à necessidade de transformação do Estado brasileiro costumam considerar com carinho a possibilidade de se criar um ministério com a tarefa exclusiva de cuidar da modernização da administração pública. Essa ideia surge, em geral, na véspera de mudanças de governo, quando é analisada pela equipe de transição como um arranjo institucional interessante para se proporcionar mais efetividade ao mandato que se iniciará.

Há argumentos bem fundamentados a favor dessa visão, assim como há ponderações pertinentes em sentido contrário. Antes, porém, de se discutir a proposta em si, é enriquecedor fazer um breve retrospecto histórico desse dilema, que, assim como tantos outros no serviço público, possui uma rica trajetória, cujo conhecimento nos auxilia na iluminação dos desafios do presente.

Em diversos momentos das encruzilhadas da história administrativa do Brasil, esse debate se colocou. Em geral, as problemáticas da gestão e da administração pública eram analisadas em conjunto com outras — todas sempre consideradas mais importantes: a temática fazendária, o processo orçamentário e as práticas de planejamento governamental.

A recorrência do debate é óbvia, assim como a constatação de que não se consolidou na história recente uma visão conclusiva sobre um arranjo definitivo. Tampouco a experiência internacional é indicadora de grandes consensos a respeito do tema. Países como os Estados Unidos, a Espanha, a França e outros possuem lócus definidos para esses temas. Já o Reino Unido e a Alemanha tendem a internalizá-los todos sob o manto da área econômica.

No Brasil, estamos ainda na etapa de tentativa e erro, isto é, vivendo décadas de experiências em relação ao tema, porém sem necessariamente estarmos vivendo um processo de aprendizado cumulativo a respeito.

Uma história de experimentação

A primeira grande reforma administrativa no país ocorreu em sucessivas ondas nos anos 1930 e desembocou no golpe de 1937, com a criação do chamado Estado Novo, que teve na criação do DASP o seu evento fundador. O DASP era ligado à Presidência e passou a centralizar as funções de gestão de pessoal, compras, administração e, muito importante para a época, orçamento.

Nos anos 1960, observou-se a ascensão da temática do planejamento, inicialmente sob a forma de Ministério Extraordinário (primeiro com Celso Furtado, no início do governo João Goulart, e depois com Roberto Campos, durante o governo Castello Branco). Foi no governo Costa e Silva que o planejamento se consolidou como ministério, tendo Hélio Beltrão como seu primeiro ministro, e incluindo nas suas competências os temas relacionados com reforma administrativa.

No ano de 1963, foi criado um Ministério Extraordinário da Administração — que tinha Amaral Peixoto como titular —, mas suas funções foram absorvidas primeiro pelo Ministério Extraordinário do Planejamento (1964-67) e posteriormente pelo Ministério do Planejamento, a partir de 1967.

A área de pessoal, isto é, do serviço público estatutário, seguia com o DASP, esvaziado das funções orçamentárias, porém ainda responsável pela gestão do desmoralizado sistema de carreiras da administração pública federal, cada vez mais formada por quadros celetistas de fundações e estatais ao longo dos anos 1970 e 80, até a redemocratização.

O primeiro gabinete da Nova República, que tomou posse em março de 1985, desenhado por Tancredo Neves e assumido por José Sarney, teve na sua primeira composição o Ministério Extraordinário da Administração. Seu primeiro titular foi Aluízio Alves, muito próximo de ambos, que acumulava a função com a de presidente do DASP e tinha como principal tarefa a reconstrução do Estado para a democracia, que abrangia atividades relacionadas a reforma administrativa, planos de carreira, estatuto do servidor público, modelagem organizacional das instituições públicas, legislações de compras etc.

Em setembro de 1986, o governo aprovou um novo desenho institucional, bastante engenhoso, do centro de governo, criando duas secretarias especiais vinculadas à Presidência da República, uma de planejamento e outra de administração pública (SEPLAN-PR e SEDAP-PR), sendo que a primeira abrangia as áreas de planejamento e orçamento, enquanto a segunda incluía as áreas de pessoal, modelagem organizacional, gestão de carreiras, compras públicas etc. A originalidade do arranjo residia no reconhecimento de que, sendo políticas públicas de gestão pública, isto é, sistêmicas, as políticas de planejamento e administração pública deveriam situar-se na Presidência.

A Operação Desmonte, implementada na virada de 1988 para 1989, com a finalidade de adequar e ajustar a estrutura da administração pública federal à nova Constituição, produziu uma nova configuração organizacional e um novo rearranjo das funções de planejamento, orçamento, administração pública, serviço público etc. Em janeiro de 1989, são extintas a SEPLAN-PR e a SEDAP-PR e fundidas em um ministério apenas, o do Planejamento, que passa a responder por todas as competências de ambos.

No início do governo Collor, nova mudança é feita, com a criação da Secretaria de Administração Federal (SAF), diretamente vinculada à Presidência, ao mesmo tempo em que os ministérios da Fazenda e do Planejamento são fundidos em um ministério apenas, o da Economia. Ainda no governo Collor, a SAF foi extinta e suas funções distribuídas pelo Ministério da Economia, para ser posteriormente recriada quando Itamar Franco assume a Presidência após o processo de impeachment.

No primeiro mandato de FHC, o governo optou pela criação de um ministério, o Ministério da Administração e da Reforma do Estado (MARE). Bresser-Pereira avaliou junto a FHC que a estrutura de ministério seria mais robusta, uma necessidade para fazer frente à reforma da administração pública que se pretendia implementar. A perda do vínculo com a Presidência não se constituiria em grave problema dada a proximidade histórica do ministro com o presidente da República.

Na transição do primeiro para o segundo mandato de FHC, o MARE é extinto. Em um primeiro momento, é criada uma Secretaria de Estado de Administração Pública, mas durou pouco. Todas as funções acabaram sendo absorvidas pelo Ministério do Planejamento, Orçamento e Gestão (MPOG), meses após a extinção do MARE. O MPOG passou a se responsabilizar pelas áreas de pessoal, gestão e tecnologia, além de planejamento e orçamento, entre outras. Esse arranjo perdurou, com pequenas variações, praticamente até 2018.

No início do governo Bolsonaro, a criação do Ministério da Economia produziu uma concentração sem precedentes das áreas de planejamento, orçamento, fazenda, tesouro, gestão, tecnologia e outras em um superministério, que passou a abrigar também funções como previdência, trabalho, e indústria e comércio. Antes do término do governo, o Ministério do Trabalho foi recriado e discutia-se da conveniência ou não desse arranjo hipercentralizador.

Lições para um presente confuso

Dessas nove décadas de movimentações da área de administração pública pela Esplanada dos Ministérios, o que se depreende? Em primeiro lugar, observa-se quase uma tipologia: a) está organizada como um ministério (como no período do DASP, da SEDAP-PR, entre 1986-88, ou do MARE, no governo FHC); b) funciona como um secretaria de Estado vinculada à Presidência (como no caso da SAF, nos governos Collor e Itamar Franco); c) faz parte das estruturas associadas ao planejamento e orçamento (como quando esteve no Ministério do Planejamento, no governo militar e após 1998); e d) dilui-se marginalmente na área econômica (como no fim do governo Sarney, na segunda parte do governo Collor e no governo Bolsonaro).

Em segundo lugar, que o debate segue em aberto em função da instabilidade do lócus institucional da temática de administração pública. As mudanças recentes, ainda que se trate de alterações situadas no âmbito de um governo que possui uma visão minimalista do Estado, indicam um desinteresse e uma incompreensão substantiva da agenda de gestão pública, reduzida basicamente à transformação digital e à gestão da folha de pessoal.

Em terceiro lugar, observa-se que a temática não desperta apetite da classe política desde os anos 1980, quando Aluízio Alves foi ministro extraordinário da Administração e posteriormente da SEDAP-PR. Os dividendos políticos auferíveis em um ministério como o da Administração são de outra natureza.

O desfecho da trajetória de ex-ministros, como João Santana (Collor), Carlos Garcia (Collor), Romildo Caim (Itamar) e mesmo Bresser-Pereira (FHC), sugere uma pasta condenada a desgastar seus titulares, em especial por não contarem com parceiros no governo, dependendo fortemente do suporte presidencial para avançar suas agendas, desde Vargas.

Em quarto lugar, é curiosa a oposição que a área econômica costuma mover à agenda de gestão, praticamente desde os anos 1930. Com exceção do período em que Roberto Campos foi ministro extraordinário do Planejamento, entre 1964 e 1967, o núcleo econômico dos governos não foi parceiro das reformas, seja pela dificuldade em compreendê-las, seja pela tendência em alinhá-las com os setores gastadores do governo, notadamente em função do peso da folha salarial.

Em quinto lugar, verifica-se uma certa dificuldade de se compreender com clareza em que consiste essa nebulosa área de administração pública, geralmente reduzida à (maltratada) gestão operacional de pessoal. A agenda da modernização do serviço público sempre foi atrofiada, mesmo nos seus bons momentos, quando ocorreram concursos públicos com regularidade e a política salarial foi construtiva, como no governo Lula. A gestão estratégica de carreiras, a política de desenvolvimento de pessoal, a gestão por competências, as temáticas de alocação de quadros e gestão da mobilidade nunca adquiriram um mínimo de consistência ou robustez. A problemática de modelagem organizacional foi abandonada e deu lugar a uma cacofonia de mais de trinta formatos de instituições públicas com incentivos desalinhados e funcionando com base em jurisprudências precárias. É como se o formato da instituição — empresa, fundação, autarquia, organização social, serviço social autônomo — não fizesse a menor diferença para o tipo de serviço público prestado.

Fragmentos dispersos

A agenda de gestão pública possui uma série de temas conexos, tratados sob guarda-chuvas variados, que convém mencionar porque integram esses debates, ainda que não necessariamente de forma óbvia. São tópicos com impactos sistêmicos sobre o funcionamento do Estado, cuja explicitação é importante porque não são observáveis a olho nu e fogem ao escrutínio cotidiano da mídia especializada.

O processo orçamentário brasileiro é regido por uma lei de quase 60 anos — a Lei nº 4.320 é de 1964 —, e boas práticas orçamentárias adotadas globalmente, como orçamento plurianual, orçamento global, contratualização de resultados e outras, são sistematicamente ignoradas, o que explica a nossa situação atual. A execução orçamentária financeira — e sua interpretação em tempo real — é negociada em bases contínuas entre o ministro da Economia, o ministro da Casa Civil, o presidente da Câmara, o presidente do Senado e o TCU de modo a acomodar interesses e necessidades em fluxo.

O princípio da supervisão ministerial vem sendo sistematicamente negligenciado desde sua criação, no âmbito do Decreto-Lei nº 200, de 1967, a despeito dos esforços desenvolvidos pelo controle interno (CGU), pelo então Ministério do Planejamento, Desenvolvimento e Gestão, após o impeachment e antes de sua extinção após as eleições de 2018, no sentido de estruturar mecanismos de controle e supervisão das empresas estatais, conforme previsto na nova Lei das Estatais.

A agenda de desburocratização foi retomada no governo Temer com um programa focado na eficientização do gasto público via medidas administrativas simplificadoras, investimentos na qualificação da política regulatória (via incentivos à Análise de Impacto Regulatório — AIR).

A criação do CMAP, ainda no governo Dilma, e do CMAS, no governo Temer, foram importantes iniciativas relacionadas ao esforço de problematização da qualidade do gasto público e encontram-se hoje em fase de consolidação.

O planejamento governamental diluiu-se na Secretaria de Orçamento, da Secretaria Especial do Orçamento e do Tesouro, enquanto a dinâmica de formulação, implementação e monitoramento do PPA foi reduzida a uma ritualística formalista, a despeito de o Decreto sobre Governança de novembro de 2017 prever a elaboração de uma Estratégia Nacional de Desenvolvimento Econômico e Social (2021-35), iniciativa posteriormente rebatizada — porém igualmente inoperante — de Estratégia Federal de Desenvolvimento, em outubro de 2021.

Duas agendas da área de gestão evoluíram positivamente nos anos recentes: governo digital e compras — ambas fortemente impulsionadas pela revolução tecnológica decorrente da transformação digital em curso. No primeiro caso, inovações, como o sistema de processos SEI, o portal único gov.br, o pagamento eletrônico via PIX, a disponibilização do Imposto de Renda a ser pago, a identidade única do cidadão e a digitalização de centenas de interfaces entre o governo federal e o cidadão revelam que a tecnologia tem sido uma importante parceira da agenda de modernização do Estado.

Na esfera de compras e contratos, os avanços verificados na nova lei de licitações, o aprendizado ocorrido nos processos de concessões e a crescente utilização da tecnologia nos processos de eficientização das compras e contratações sugerem um amplo espaço para melhorias contínuas.

Conclusão

Faz sentido o governo eleito em outubro de 2022 criar um ministério que se ocupe da modernização do Estado? Três respostas são exploradas a seguir: sim, não e depende. As duas primeiras respostas contêm os pontos que fundamentam suas posições. A terceira trata das condicionalidades a serem eventualmente atendidas, caso se opte por essa alternativa.

A criação de um ministério da administração pública ou da gestão pública — o termo gestão dá mais abrangência e tração aos conteúdos em questão — sinalizaria um compromisso do governo com uma visão estratégica da modernização do Estado e com sua prioridade. São temas variados: serviço público, organizações, incentivos, transformação digital, compras, contratações, interfaces com cidadãos, qualidade do gasto e dos serviços públicos etc. Integrá-los sob uma mesma estrutura pode proporcionar mais *vertebración*[10] no seu desenho e implementação. Noutras palavras, a criação de um ministério leve, estratégico e focado na coordenação sistêmica dessas agendas pode alavancar sinergias e aumentar a probabilidade de sucesso dos objetivos perseguidos do ponto de vista da transformação do Estado, de modo que possa servir melhor ao país.

Os argumentos contrários à criação de um ministério para tratar do assunto são de duas ordens: geral e específica. No

---

10. "*Vertebración*" é um termo espanhol que designa um moleio articulado por uma espinha dorsal.

primeiro caso, trata-se da posição-padrão refratária a se promover o surgimento de novas organizações para o enfrentamento de desafios governamentais. Os custos de transação envolvidos e a tendência à burocratização dessas organizações sugerem que a criação de novas burocracias raramente é efetivamente necessária para solucionar problemas de governo — quando não os agravam. O segundo argumento é mais sofisticado. A premissa é a de que essas agendas precisam do compromisso e do engajamento do topo do Executivo, do centro de governo e da área econômica para serem bem-sucedidas. A simples criação de uma estrutura encarregada das temáticas não assegura isso.

A terceira posição pressupõe uma franca conversa sobre condicionalidades, coordenação no centro de governo e prioridades. Na verdade, a sequência é a inversa. Em primeiro lugar, a pergunta é se há uma compreensão do caráter estratégico da agenda e da necessidade de sua priorização. A segunda pergunta foca no engajamento do centro de governo — representado pela Casa Civil e pela área econômica — numa atuação articulada com a agenda de modernização da gestão pública. Finalmente, a questão da condicionalidade precisa ser debatida com clareza e franqueza pelos novos dirigentes. A construção de capacidades dinâmicas para implementação de reformas transformadoras do Estado brasileiro depende de uma aliança sólida da cúpula do governo eleito para fazer sentido.

Em resumo, a criação de um ministério para cuidar da agenda de modernização da administração pública pode ou não ser uma boa ideia, dependendo do real compromisso do novo governo com a agenda. Uma equipe preparada e entrosada, com suporte político da Presidência e apoio da área econômica, pode fazer toda a diferença, especialmente se a agenda de transformação da gestão apoiar a problematização da qualidade do gasto público e o aumento da produtividade do serviço público, em benefício da sociedade brasileira.

14. Não sua nem sangra

Nos últimos anos tem se observado um fenômeno curioso no campo da gestão pública: o debate em torno de resultados tem arrefecido. As explicações variam. A situação do país, em geral, deteriorou-se muito. A montanha-russa da última década parece ter deixado todos em um estado de torpor em relação a tudo que se refere à esfera pública. A realimentação desse estado de coisas é patrocinada por duas fontes de energia: o *modus operandi* da presidência de Bolsonaro — que proporcionou estímulos contínuos sobre pautas diversionistas, as quais repercutem nas redes sociais — e a estratégia dos meios de comunicação que disputam a atenção das audiências do país.

O debate em torno de políticas públicas foi fortemente golpeado por um governo que não acredita no Estado, em geral, e que é contrário às políticas públicas em várias áreas, como educação, saúde, meio ambiente, desenvolvimento social, indústria, emprego e ciência e tecnologia, entre outras. Desde a criação do Ministério da Economia até a campanha eleitoral de 2022, os resultados na esfera da gestão pública foram desapontadores, com exceção das áreas de governo digital e concessões.

A Proposta de Emenda Constitucional (PEC) que tratava da reforma administrativa foi enviada ao Congresso, mas nem sequer chegou a ser votada na Câmara, dado o desinteresse do Executivo pela sua priorização nas negociações com o Legislativo. O mesmo desenlace já havia ocorrido anteriormente, com a MP nº 922, a chamada MP dos Temporários. Os esforços reformistas do governo não eram suficientes para que o tema ascendesse à agenda decisória, seja por problemas das fragilidades das proposições, seja por incapacidade de articulação política.

Em agosto de 2022, o governo apresentou como grandes resultados nessa área a redução da participação dos gastos com pessoal de 4,2% para 3,4% do PIB e a redução do número de servidores de 430 mil para 370 mil. As explicações para essa realização são simples: o governo não deu nenhum aumento para servidores públicos civis e praticamente não foram realizados concursos públicos — ambas políticas consistentes com a visão de que o Estado precisa reduzir seu tamanho e de que a remuneração dos servidores do Executivo estava excessivamente alta, o que não justificaria a reposição salarial. Por conseguinte, isso significou o desmanche da atuação em um conjunto de áreas finalísticas já mencionadas, notadamente nas esferas social, ambiental, industrial e dos direitos difusos.

Nesse ambiente de minimalismo do papel do Estado, a agenda de gestão pública passou, então, a ser fortemente pautada e publicizada por instituições que atuam no terceiro setor, com destaque para Fundação Lemann, Instituto humanize,

Republica.org, Fundação Brava, Comunitas, Instituto Igarapé, Instituto Arapyaú, Centro de Liderança Pública (CLP), Instituto de Estudos para Políticas de Saúde (IEPS), Instituto Clima e Sociedade (ICS) e várias outras ONGs, umas mais, outras menos especializadas. As três primeiras constituíram a coalizão Movimento Pessoas à Frente, cuja atuação no esforço de melhoria da proposta de reforma administrativa enviada ao Congresso merece registro, a despeito do descarrilamento da PEC. A entrada das fundações do terceiro setor no debate sobre gestão pública foi uma das mais importantes novidades da década dos anos 2010. Muitas já atuavam em setores como educação e meio ambiente. Contudo, ao decidirem atuar no campo da gestão, passaram a cumprir um importante papel de pautar a agenda, formar uma comunidade em torno das políticas de gestão pública e apoiar projetos de modernização da administração pública, em especial junto aos estados.

Esse conjunto de fundações trouxe para o debate da gestão pública uma teoria explicativa de mudanças muito popular no setor privado: a que explica as transformações nas organizações pela atuação da liderança. Respaldadas por um grupo seleto de experiências internacionais, a maioria de origem anglo-saxã (mais o Chile) e pelas vivências de muitas das empresas fundadoras, as fundações investiram fortemente na profissionalização dos cargos de confiança da administração pública.

A preocupação com a temática de gestão de recursos humanos foi surpreendente porque se trata de uma agenda historicamente negligenciada ou maltratada por sucessivos governos. A compreensão por parte das fundações privadas do caráter estratégico do desenvolvimento de recursos humanos para a modernização do Estado brasileiro foi uma novidade, porque a própria classe política dirigente não apreendeu essa realidade ainda.

As fundações aportaram recursos em diversos tipos de atividade, em especial nos governos estaduais, além do governo federal. Estabeleceu-se uma aliança estratégica entre a Fundação Lemann, o Republica.org e o Instituto humanize — da qual a Fundação Brava fez parte em um primeiro momento — para *pooling* de recursos e alavancar iniciativas mais caras e estruturantes. Dentre essas, destacam-se o Prêmio Espírito Público, o programa de apoio à modernização dos governos estaduais (oito no período 2019-22), o suporte a eventos com a OCDE sobre a modernização da gestão de recursos humanos, o comissionamento de um estudo junto ao Institute For The Future sobre o futuro do serviço público no Brasil e o engajamento propositivo no debate nacional sobre a reforma administrativa.

Um registro importante é o do permanente esforço da geração de propostas concretas, por meio de discussões de grupos de trabalhos com profissionais de vários setores como a academia, o mercado, governos, corporações etc. Essa heterogeneidade ajudou muito na construção de teses comuns, dentro do possível, à maioria dos participantes dessas iniciativas alavancadas pelas fundações.

O foco na problemática da liderança centrou-se em especial na oferta de programas de formação — operados por instituições como o Insper, a Fundação Dom Cabral (FDC) e a Fundação João Pinheiro (FJP) — e na organização de processos seletivos para cargos de confiança, portanto, de nomeação discricionária pelos governadores. Os procedimentos adotados eram mais próximos do setor privado — em contraste com a seleção discricionária feita pelos dirigentes eleitos. Isso significou a possibilidade de se desenvolver análises de competências, descrições mais cuidadosas de cargos, análises de currículos impessoais e suprapartidárias e, principalmente, utilização de entrevistas. Curiosamente, cerca de 60% a 70% dos selecionados eram oriundos do próprio serviço público, um indicativo positivo do profissionalismo da abordagem.

Não há como não reconhecer o valor do papel das fundações do terceiro setor nessa que talvez tenha sido "a hora mais escura" da administração pública desde a redemocratização. Ao contrário da desestruturação improvisada da máquina administrativa federal no governo Collor, o desmantelamento ocorrido no governo Bolsonaro foi anunciado, seletivo, estratégico e deliberado, alcançando um expressivo conjunto de políticas públicas setoriais que o governo entendeu por bem extinguir, bem como os órgãos responsáveis por sua implementação.

Nesse ambiente de retrocesso institucional, as fundações mantiveram o curso de ação, à revelia de modismos, e sempre em sintonia com inovações e boas práticas internacionais, sejam de países, sejam de organizações multilaterais como a OCDE, o Banco Mundial e o Banco Interamericano de Desenvolvimento. O saldo dessa interação entre as fundações do terceiro setor, *practitioners* do governo, consultores e acadêmicos é impressionante. Muita gente foi formada nesse processo, para além do conjunto de atividades desenvolvidas. Muitos preconceitos e desconfianças foram superados. Hoje, existe uma comunidade de especialistas em gestão pública, oriundos de diversas áreas, que amadureceram posicionamentos, modelaram problemas e organizaram conflitos — uma realidade impensável uma década atrás.

A burocracia governamental tendia a ter dúvidas sobre a capacidade de agregação de valor por parte dos jovens profissionais dessas organizações privadas que adentraram um debate público. Viam com suspeita aquele fluxo de jovens idealistas, muitos oriundos de escolas de governo com reputação de excelência no exterior. As premissas eram as conhecidas: "não conhecem a máquina pública", "não sabem como as coisas funcionam", "não sabem distinguir o importante do imediato" etc. O álibi da experiência, a arrogância decorrente de ter ingressado no serviço público por meio de concursos difíceis e a dificuldade de problematizar as barreiras às mudanças — um fenômeno de *groupthink* muito comum em grandes organizações — foram dando lugar ao diálogo e aprendizado ao longo do tempo.

Postura análoga ocorria por parte dos quadros das fundações, algumas trazendo valores típicos do ambiente empresarial para as discussões. Uma primeira dificuldade era o preconceito contra o próprio setor público — percebido como intrinsecamente ineficiente e problemático. Esse problema era agravado pelas narrativas dominantes do período — o rótulo de "parasitas" atribuído pelo ministro da Economia e pela criminalização do gasto público com pessoal —, além da tradicional. A atitude de tratar o setor público como algo tóxico ou radioativo era agravada pelo clima de punitivismo, decorrente dos excessos praticados no âmbito da Lava Jato. Isso foi desaparecendo com o tempo e o convívio com profissionais do setor público engajados na sua melhoria e em reformas transformadoras.

Paradoxalmente, as fundações enfrentaram um limite intrinsecamente relacionado com a sua natureza e as especificidades de sua natureza. Ao focarem em uma temática — a das lideranças —, acabaram por inevitavelmente dar menos atenção a outros problemas intervenientes e estruturantes, mas que não se confundem com a temática da liderança, que também pede abordagens específicas.

Ao se impor um foco relativamente estreito para o enfrentamento dos problemas com a complexidade do setor público, as parcerias estabelecidas basicamente convergiram para uma especialização e o aprofundamento no assunto.

Colocam-se hoje para aqueles envolvidos no trato do tema liderança algumas questões até certo ponto inescapáveis. Cinco merecem uma reflexão mais elaborada a respeito: autoridade, liderados, evasão, times e incentivos. Todas são relacionadas com as opções futuras que as fundações do terceiro setor farão no curto prazo e com o impacto diferente que produzirão no futuro próximo.

O primeiro ponto, discutido aqui e ali na literatura especializada no tema de liderança, é a equiparação de líder ao ocupante de altos cargos na administração pública. A premissa é altamente questionável, como todos que trabalham no governo estão familiarizados. Tratá-lo como líder e investir no desenvolvimento podem ajudar. Em muitos casos, porém, o esforço é inútil e o custo de oportunidade é alto. Há chefias no setor público que não são e jamais serão líderes — muitos nem pretendem vir a ser. Investir tempo, dinheiro e pessoal na interação com alguns desses quadros, apenas porque são chefes, é um desperdício de recursos, sejam públicos, sejam privados.

O segundo ponto é sobre os liderados — a grande maioria dos funcionários públicos. O patamar de produtividade no longo prazo das organizações é dado pelo seu quadro permanente, não por chefias, embora estas possam contribuir para a mudança de patamares de desempenho. Além disso, muitos são, de fato, líderes — apenas não ocupam os cargos de autoridade por razões particulares ou porque as estruturas de incentivos não os favorecem. Finalmente, os próximos líderes são, em sua maioria, liderados hoje. Apoiá-los pode melhorar seus desempenhos no futuro.

O terceiro ponto trata da aceleração do tempo de rotatividade de chefias, por um conjunto de razões variadas. A precipitação do processo de abandono de cargos por oportunidades melhores por seus ocupantes, sejam eles oriundos do setor privado, sejam do setor público, propõe a seguinte questão: vale a pena investir nesses quadros e, com isso, auxiliá-los a se ejetarem de suas posições? Parte desse problema é inerente ao setor público porque é natural que isso ocorra, com a alternância de poder e renovação de quadros nessas oportunidades. Parte tem a ver com o comportamento de busca desses dirigentes por colocações melhores.

O quarto ponto refere-se a um "segredo de Polichinelo": ninguém consegue mudar nada sozinho no serviço público. O peso do indivíduo, mesmo um líder competente, é bem mais relativizado do que no setor privado. O contexto importa. A governabilidade é menor. O mais importante, no entanto, é: no setor público, as equipes possuem um peso maior. O trabalho de um dirigente junto com seu time e a dinâmica de funcionamento desse grupo, interna e junto ao líder, são decisivos para o resultado do conjunto. Infelizmente, pouquíssima atenção é dada ao tema do trabalho em equipe nas discussões sobre modernização do serviço público.

O quinto e último ponto diz respeito às estruturas de incentivos. O que move as lideranças varia muito: dinheiro, reconhecimento, resultados, ideologia, visibilidade, causas, trampolim etc. A trajetória pregressa de vários líderes combinada com as características dos cargos que ocupam sugere que distintos pacotes de incentivos se ajustam a variados perfis de liderança.

Essas não são questões simples ou óbvias, embora aqui e ali se observem gestores com comportamentos obviamente orientados para cacifar reputação, defender valores programáticos, jogar para a audiência interna etc. A predição dos próximos passos de líderes, à luz do perfil e do cargo que ocupam, auxilia na compreensão do comportamento presente.

Essa é uma agenda de investigação importante para os próximos passos do trabalho das fundações e para o próprio setor público engajado no desenvolvimento de seus dirigentes. No mundo real das organizações governamentais, o exercício da liderança é mais complexo do que as discussões sobre como desenvolvê-las por vezes sugerem.

O Movimento Pessoas à Frente vem recentemente buscando expandir o escopo de sua abordagem por meio de maior atenção ao desafio de desenvolvimento de equipes, em paralelo à problematização da governança da gestão de pessoas na esfera pública. São passos promissores que sinalizam uma compreensão tanto da dimensão de processo das transformações no setor público como de sua complexidade.

No âmbito de tomadores de decisão e implementadores de políticas públicas, as questões de fundo não são a coloração ideológica, o fato de as pessoas serem *outsiders* ou *insiders*, a natureza da formação profissional e mesmo as afinidades afetivas com seus superiores e subordinados. Interessa saber se as pessoas suam e/ou sangram para entregar os resultados à população. A Esplanada dos Ministérios — no caso do governo federal — "sabe" quem são os dirigentes capazes de produzir mudanças, inovar, fazer as coisas andarem e prover padrões de desempenho.

Dado o contexto de funcionamento da máquina pública federal, quanto mais alto o nível do cargo, maiores as exigências que recaem sobre os gestores. Muitas delas são estranhas às políticas públicas pelas quais são responsáveis. Basta dizer que um secretário nacional precisa interagir em bases regulares com: a) a área-meio de seu ministério; b) as áreas de orçamento e de execução financeira do Ministério da Economia; c) as áreas responsáveis por definição de estruturas, criação de cargos, aumentos salariais, também do Ministério da Economia; d) os encarregados do controle interno e externo da CGU e do TCU, respectivamente; e) os dirigentes da Casa Civil que monitoram a implementação das ações de governo e aqueles que deliberam sobre o mérito das políticas; e f) procuradores do Ministério Público eventualmente interessados no assunto. O detalhe é que nenhum desses interlocutores conhece tecnicamente o assunto em questão.

Dirigentes de órgãos públicos, hoje, precisam também interagir com a mídia, com a classe política, com movimentos sociais, com organismos internacionais, com o empresariado, com lobbies setoriais, com acadêmicos, com movimentos sociais e vários outros *stakeholders* inesperados. Liderança no governo não é mais um exercício controlado, que ocorre entre quatro paredes. Os desafios são imensos e a agenda adiante é riquíssima. As fundações do terceiro setor têm sido extraordinariamente importantes na desmistificação dessas discussões e na criação de um ambiente de segurança psicológica para o aprofundamento das discussões relacionadas a esses temas. Endogenamente, será muito difícil o setor público processar as discussões aqui levantadas.

O déficit de lideranças no Brasil é generalizado. Isso, porém, não é destino. É tarefa para as pessoas e organizações que o futuro seja modelado pelos valores, pelas escolhas e pelas ações do presente. Lideranças não são construídas com narrativas heroicas e produções midiáticas, mas com exemplos na prática, em contextos específicos. Cabe aos empenhados na transformação do setor público apostar nos empreendedores que estão engajados nesses processos e na criação de ambientes que contribuam para o florescimento de novas lideranças.

15. *Checkout & check-in*: Tempo de profissionalizar as transições

A transição presidencial no Brasil passou a ter sua importância formalmente reconhecida quando no fim do governo fhc foram institucionalizadas legislações destinadas a tratar explicitamente do tema, que previram, inclusive, a criação de quadros para uma equipe de transição do novo governo ter tempo para se familiarizar com os desafios que enfrentaria. Posteriormente, quase não se teve um processo estruturado de transição presidencial — reeleições, continuidade, impeachment —até a eleição de Bolsonaro. O governo Temer chegou a preparar a transição, porém apenas a área econômica do novo governo dela se apropriou. A postura do novo presidente não favorecia uma interação entre as equipes, em especial por parte do novo governo que assumia.

Estruturas de suporte à transição presidencial são raras na América Latina, a despeito de processos tradicionalmente bem conduzidos, como no Uruguai e no Chile. No caso do Brasil, a transição de fhc para Lula parece uma lembrança remota perdida no tempo, a despeito do esforço aqui e ali para se lidar com o assunto de forma mais institucional e inovadora.

Desde a redemocratização da maioria dos países latino-americanos, ocorrida na maior parte dos casos no último quintil do século XX, esperava-se o avanço em pautas históricas, como a estabilização da democracia, a reforma do Estado e a redução da desigualdade, associadas à consolidação do Estado democrático de direito. Isso não ocorreu como se esperava, seja em número de países, seja na intensidade das mudanças. O início da terceira década do século XXI mostra um continente marcado por instabilidade política, estagnação econômica, fragilidade democrática e déficits de capacidade institucional — ao contrário das expectativas ensaiadas três décadas atrás.

Há vários pontos de entrada para explorar as causas dessa situação. Este texto traz uma reflexão sobre um deles: a importância da transição presidencial para que sejam assegurados melhores processos de continuidades administrativas e menores custos políticos e econômicos associados à desinformação sobre a dinâmica de funcionamento da máquina pública de um país — no caso, o Brasil.

Esse é um debate afeto tipicamente aos regimes presidencialistas democráticos, nos quais a transição na cúpula do poder envolve, potencialmente, um encontro de pelo menos três grupos de atores: os associados politicamente ao governo que sai, os que chegam vinculados ao governo que entra e os quadros permanentes do Estado — alguns com simpatias políticas por um ou outro grupo e outros agnósticos.

Um conjunto de variáveis importantes precisa ser levado em conta nesse contexto. No plano político, dois fatores contam, além da gravidade e da extensão das feridas de campanha: a) a disposição do governo que sai em colaborar com a equipe que entra e b) a abertura do governo que assume em recepcionar as contribuições do time que se retira. No plano da gestão pública, os fatores que contam são: a) a razão de cargos de confiança para cargos permanentes; b) o peso de quadros permanentes do Estado na ocupação dos cargos de confiança (que sinalizam o grau de profissionalização da administração) e c) o nível hierárquico dos quadros permanentes e a densidade da memória técnica que acumulam.

Nunca é demais lembrar que poucos países da América Latina chegaram perto da conclusão das reformas burocráticas e profissionalizantes da administração pública, associadas ao movimento nos Estados Unidos conhecido como *"progressive public administration"* [administração pública progressista]. Dadas as sucessivas ondas de reformas globais das últimas décadas — nova gestão pública, neoweberianismo, governança, Estado digital e outras —, há, inclusive, questionamentos sobre se aquela segue sendo uma trajetória inescapável e desejável.

Governo e Estado

Nos tempos em que a disputa política era travada entre o PSDB e o PT — grosso modo, do início dos anos 1990 ao fim dos anos 2010 —, dois importantes dirigentes de ambos os partidos

— Sérgio Motta e José Dirceu, respectivamente — falavam de governos fadados a durar duas décadas. Essas visões já não são mais atuais e retratavam a dificuldade das forças sociais e políticas brasileiras de compreenderem as regras do jogo democrático. Ambas foram exemplares nesse sentido até o impeachment da ex-presidente Dilma, apoiado pelo PSDB. Ambas, também, compartilharam uma profunda desinformação sobre o *statu quo* da realidade administrativa do Estado brasileiro.

A dominância das cúpulas dos governos eleitos sobre os frágeis Estados da América Latina ainda é muito forte. A precariedade do Estado democrático no continente é muito grande, assim como o baixo apego à democracia. Os indicadores do Latinobarómetro e relatórios globais sobre a democracia indicam claramente isso.

A tese da abordagem aqui defendida é que essa fragilidade está associada à fragilidade das administrações públicas nacionais — em especial nos lócus associados à Presidência da República e, secundariamente, às áreas econômicas e aos demais setores finalísticos.

As fronteiras entre Estado e governo são muito tênues em países como o Brasil porque a própria estrutura da administração pública federal ainda é muito heterogênea, com a coexistência de ministérios razoavelmente estruturados e profissionalizados, como os da área econômica, do controle e jurídica (CGU e AGU), com grandes ministérios bastante frágeis do ponto de vista de seus quadros permanentes, como Saúde e Educação, e um terceiro grupo até certo ponto intermediário, como Meio Ambiente e Ciência e Tecnologia. Em cada um desses três grupos, a fronteira já intrinsecamente móvel entre governo e Estado se altera ainda mais, porque o polo do serviço público permanente é muito frágil e pouco profissionalizado.

A expressão "continuidade administrativa" é sempre objeto de controvérsia. Frequentemente, a classe política reclama da impermeabilidade de estruturas burocráticas às mudanças que dirigentes eleitos buscam introduzir nos órgãos que assumem. O contraponto é o cansaço das burocracias permanentes com a frequente postura de novos dirigentes de estarem convictos de que a história começa com sua chegada e, assim, destruírem ou desconsiderarem tudo o que existia antes. Não há uma regra mágica que defina o que pode ou deve mudar, a não ser as práticas históricas de cada organização.

No caso da América Latina — e mesmo do Brasil, considerado um dos países que possuem uma das burocracias mais profissionais da região —, a preocupação com a transição presidencial procura equilibrar o segundo tipo de distorção: a tendência de os novos governos subestimarem seu desconhecimento dos riscos, calendários, possibilidades e déficits de capacidade da administração pública, no seu ordinário funcionamento, independentemente de questões político-ideológicas.

A transição e seus protagonistas

Quatro grandes grupos constituem os principais protagonistas da transição. O primeiro é formado pelo governo que sai. Nele, estão incluídos a turma que ficará até o fim, o pessoal que vai desembarcando, o pessoal permanente ou de fora que vai assumindo. Todos podem ter uma atitude mais ou menos construtiva perante o governo que entra. O papel mais importante costuma ser desempenhado pelos que ficam até o fim e pelos interinos — os primeiros por questões políticas e os segundos porque ou possuem um compromisso de longo prazo com o serviço público ou têm uma atitude profissional e/ou visualizam oportunidades para continuar.

O segundo grupo de protagonistas é formado pelos que chegam com o novo governo. Nesse grupo, encontram-se os indicados politicamente, quadros recrutados na máquina e *outsiders* convidados a participar de um novo mandato. Disputas políticas por espaço, projetos, poder e posições são normais. Em geral, os que detêm mais informações sobre a máquina administrativa são os quadros permanentes que integram o grupo político vencedor. Mas são também vistos com suspeita pela ala 100% política, justamente porque fazem parte dos quadros permanentes do Estado. Em tese, a lealdade maior é com o governo do dia, não necessariamente com o governo que entra.

O terceiro grupo é constituído por quadros permanentes do Estado, sem compromisso político visível nem com o governo que sai nem com o governo que entra. São percebidos como neutros e instrumentais, podendo ter maior ou menor aproveitamento na administração, conforme sua reputação e o déficit de quadros em áreas específicas. São profissionais, em geral, das áreas econômica, jurídica e de controle — não surpreendentemente as mais profissionalizadas —, mas não apenas delas.

O quarto grupo que desempenha um papel de importância na transição são os grupos de interesse. Nesse conjunto, estão os que disputam projetos políticos, medidas legais, alocação de recursos, espaços de poder e cargos. São oriundos do mercado, da sociedade civil organizada, dos movimentos sociais, das corporações profissionais, comunidades étnicas e organismos internacionais — estes em geral, com suas visões de mundo e portfólios de projetos, em curso e potenciais, para que sejam discutidos com o novo governo.

Os tempos da transição: Antes, durante e depois

Quase todos os novos governos começam com uma nova estrutura, usualmente decorrente da repactuação política que um governo eleito envolve ou da reconfiguração das bases de poder que novas forças políticas produzem ao chegar ao poder. Esse novo organograma da administração pública federal não surge do acaso. Abrange criação ou extinção de órgãos, expansão ou enxugamento de cargos e unidades organizacionais e alterações nas vinculações de autarquias, fundações e empresas a este ou aquele ministério.

O mesmo raciocínio vale para conteúdos das políticas do novo governo, reeleito ou não. Existem políticas de continuidade — mantidos ou não o nome e a equipe. Algumas fizeram parte das bandeiras históricas do grupo eleito. Outras são associadas a pessoas ou grupos integrantes da nova coalizão governante. Um terceiro grupo é tomado emprestado de terceiros — ONGs, acadêmicos, grupos de especialistas etc. Finalmente, há aquelas que serão desenhadas ou improvisadas a partir do *day after*, em geral a maioria delas.

Os meses de transição são intensos. Em geral, começam antes das eleições, quando a expectativa de poder começa a se concretizar e desloca a atenção dos potenciais ganhadores para algum tipo de investimento prévio destinado a minimizar os custos da mudança e do início do governo.

O tempo formalmente estabelecido como transição vai do *day after* das eleições até o início formal do novo governo no dia 1º de janeiro. É um período de muitas disputas, confusão e turbulência. O poder se reconfigura e o país se redefine, mas nem por isso para de funcionar. O Congresso incumbente fica mais "barato" e as negociações entre o governante que sai e o que entra podem ser mais ou menos densas, conforme a intensidade e a qualidade da interação política entre ambos.

Há, ainda, a transição residual, já com o governo funcionando — o preenchimento de cargos em cascata e as confusões típicas dos primeiros passos, que podem gerar mudanças no *default* inicial do novo governo. Essa "largada" costuma apresentar baixas em função de comunicações truncadas e informações desencontradas que contribuem para a frustração inicial de novos dirigentes, especialmente os que são estranhos à máquina.

No decorrer desses três períodos: antes, durante e depois da transição, é importante não deixar de considerar a ocorrência de choques externos e acidentes de percurso. No Brasil pós-redemocratização, a morte de Tancredo Neves, o Plano Collor, a crise cambial de 1998 e o acidente que matou Eduardo Campos são exemplos de acontecimentos que incidiram sobre transições presidenciais.

Checkout & check-in

O maior desafio de uma transição presidencial é a assimetria de informação entre as duas equipes. O governo que sai dispõe de muita informação, mas não tem mais poder. O governo que entra está investido de todo o poder, mas não detém nenhuma informação. Esse problema pode ser mitigado por uma transição bem-feita, pelo engajamento construtivo de ambas as equipes e por maior participação dos quadros permanentes do Estado no processo.

Uma outra possibilidade é o recurso a apoio externo, como no caso dos Estados Unidos, em que uma ONG suprapartidária

— Parceria para o Serviço Público (PSP) — funciona como uma instituição de suporte ao processo de transição. A PSP foi fundada a partir de uma doação de um milionário norte-americano, preocupado com a temática da continuidade administrativa em contextos de crescente polarização política vinte anos atrás. Desenvolveram metodologias, manuais e materiais orientados especificamente para auxiliar nas transições presidenciais.

Outras alternativas de mediação são proporcionadas pela Organização das Nações Unidas (ONU) e suas agências setoriais, como o Programa das Nações Unidas para o Desenvolvimento (PNUD), que, em vários países do mundo, tem auxiliado em processos de transição, particularmente em processos sensíveis como os de redemocratização e reconstrução nacional. Nesse caso, as maiores preocupações são os direitos humanos, a reparação às violências do passado, estratégias de reconciliação e desinterdição do futuro.

No Brasil atual, à parte as ansiedades do poder mudando de mãos, dois processos são objeto de maior preocupação: o *checkout* do governo que sai e o *check-in* do governo que entra. Ambos merecem uma atenção estruturada, em benefício do país e de seus quadros dirigentes, do passado e do futuro.

O *checkout* é difícil porque ocorre no chamado fim de governo, quando a resposta da máquina ao comando político é dramaticamente declinante. A burocracia submerge, aguardando seus novos mestres. A campanha eleitoral exauriu a energia política do incumbente. A revoada dos quadros ocupantes dos altos cargos é imediata. Os processos decisórios são fortemente prejudicados. A tendência é de uma desatenção para com uma série de ações que precisam ser tomadas no presente e um aumento do risco relativo a irregularidades administrativas que cobrarão um preço no futuro. Fora dos cargos, a defesa administrativa dos gestores frente aos órgãos de controle é mais difícil, mesmo que não tenham feito nada de errado. A documentação e a memória técnica, bem como o acesso a dados e processos, ficam mais complicadas. E ninguém quer ter que contratar advogado para ficar respondendo a processos pelo resto da vida. O *checkout* é a coisa mais importante de que quem está deixando o governo precisa cuidar. Contudo, com frequência, o senso de responsabilidade e a necessidade de manter as coisas em funcionamento acaba por levar dirigentes a subestimar o tempo e a dedicação requerida para deixar a casa em ordem.

O *check-in* tem dois ingredientes básicos: a herança e o calendário imediato. Passadas algumas semanas, o que quer que tenha se encontrado passa a ser responsabilidade do incumbente, pouco adiantando culpar o predecessor. A conversa de herança maldita tem prazo de validade porque a mídia e a opinião pública estão menos interessadas nas escavações do passado do que nas propostas do presente. Por isso, é importante um apanhado imediato dos passivos graves do *back log*, seja com os órgãos de controle — cgu e tcu —, seja com os quadros permanentes da organização que podem ajudar a identificar "onde estão enterrados os corpos", que mais cedo ou mais tarde serão descobertos. Quanto mais cedo forem exumados, melhor. A outra questão é o calendário, isto é, o mapa das minas — das que explodem, não as de ouro — e das bombas-relógio. Governar é cumprir prazos, entre outras coisas. Há datas para tudo e penalidades associadas à perda de prazos. Se ninguém avisa — e ninguém costuma avisar (e a burocracia permanente tem responsabilidade nisso) —, os novos dirigentes são surpreendidos a todo momento com problemas que não anteciparam.

Nos dois casos, a burocracia permanente pode ajudar muito as duas equipes a se desincumbirem de suas funções a contento. No primeiro caso, do *checkout*, tudo vai depender muito de como as pessoas foram tratadas ao longo da gestão que se encerra. Nessa hora, a dependência de quem está saindo do pessoal da Casa é muito grande. No segundo caso, do *check-in*, vale raciocínio análogo, isto é, se quem chegou ouve, quer saber, dialoga etc. Quando quem chega tenta impor-se por uma atitude de arrogância e autossuficiência, a Casa simplesmente aguarda. O calendário dará conta do aprendizado necessário aos novos dirigentes.

Como melhorar a qualidade das transições?

Nada obriga as transições a serem tão improvisadas. É muito comum a ocorrência de grandes erros de um governo nos primeiros meses, exatamente porque a transição foi mal processada. Essa é uma tarefa do dirigente eleito e de seu círculo íntimo de confiança.

Há vários caminhos possíveis a serem trilhados, desde que se reconheça o tamanho do desafio e a complexidade da tarefa. É uma atividade trabalhosa e intrinsecamente repleta de conflitos. Quanto mais for organizada, melhores serão os potenciais produtos a serem extraídos desse período.

A seguir, serão apresentados oito pontos a serem objeto de especial atenção durante a transição. Todos são importantes, embora de maneiras distintas. Atentar para cada um deles e avaliar sua pertinência é opção já da própria equipe incumbida de conduzir a transição.

a) O manejo da agenda: O maior gargalo do período de transição é a agenda do novo chefe de governo. Todos os grupos de interesse do país e representantes internacionais desejam se encontrar com ele. Quem filtrará essa demanda, que possui proporções indizíveis, e de que forma isso será feito são questões inescapáveis e antecipáveis. O que não pode é o novo presidente ser administrado pela agenda.

b) A organização da chegada: A montagem de um governo é um processo complexo e conflitivo. Atribui-se a De Gaulle a frase de que a primeira obrigação de um novo governante é a ingratidão, porque ele não tem como retribuir adequadamente a todos que o auxiliaram a chegar àquela posição. A coordenação do processo, a delegação de competências, a cadência das nomeações e a adoção dos cuidados iniciais, tudo é importante para um início de governo, que não tem como ser tranquilo, mas que pode gerar *momentum* para que novos dirigentes pautem a agenda do país.

c) Os números: "Todos mentem, o tempo todo, sobre tudo." No que se refere aos números da situação orçamentário-financeira do governo que se encerra, essa é uma máxima irretocável. É cultural. Faz parte da disputa política, infelizmente. Se em geral economistas raramente se entendem sobre os números que embasam seus argumentos, nesse momento... isso é tido como normal. Mas, se quem chegar não se inteirar rapidamente da real situação econômico-financeira do país, terá problemas mais adiante, a começar pela negociação do orçamento do primeiro ano de governo, em geral ainda tramitando no Congresso nesta conjuntura.

d) Os passivos legais: Governos possuem contenciosos jurídicos complexos, numerosos e volumosos. Nem sempre quem sai deixa o portfólio das pendências e das bombas-relógio organizados. Quem chega não tem a menor noção do que enfrentará no mundo dos grandes passivos do Executivo. Ocorre que, no Judiciário, quando a "tartaruga foge", é porque muita gente cochilou muito durante o caminho, pela simples razão de que leva tempo. Na Justiça, mais do que em qualquer outra área do governo, "o que não é tratado sai caro". Quem chega precisa tomar pulso dos processos sensíveis no STF e no STJ. A AGU é um órgão particularmente sensível nesse momento.

e) A relação com os órgãos de controle: Os controles interno (CGU) e externo (TCU) são, em princípio, parceiros da administração pública federal. A CGU integra o Executivo. O TCU é, em tese, um órgão assessor do Congresso Nacional, embora opere praticamente com bastante autonomia. A CGU funciona em tempo real. O TCU atua com um certo atraso, a partir de sua programação e rotinas planejadas. Ambos possuem radiografias parciais da administração pública federal. É muito importante que o novo governo se aproprie dessas visões, no seu conjunto e no varejo, de modo a fazer uma análise própria de riscos associada à situação com a qual se depara e que evoluirá nos próximos anos, para melhor ou pior. O diálogo com os controles auxilia o novo governo a criar um ambiente construtivo para melhorar a qualidade do gasto e coibir irregularidades e escândalos de corrupção. Conhecer o *default* inicial de ambos os órgãos e o mapa dado dos problemas ajuda no mapeamento de problemas do futuro.

f) A retenção de talentos: A briga por talentos é uma realidade típica desse momento de transição, em especial na montagem do novo governo. Há, porém, uma outra disputa, objeto de menos atenção: o aproveitamento de quadros do governo que se encerra, sejam funcionários permanentes, sejam indicados politicamente. Há profissionais que atravessam mudanças de governos fortemente antagônicos. A identificação de quais são esses quadros técnicos, cuja manutenção no novo governo é sempre sensível politicamente, é digna de atenção, dado o crônico déficit estrutural de quadros qualificados na administração pública federal.

g) Os primeiros cem dias: Por que cem dias? Porque foi o período convencionado pela mídia para se referir à chamada lua de mel do governo com seus eleitores. Às vezes, nem chega a tanto. É o período em que se forma junto à população uma primeira impressão do novo governo, quando expectativas são frustradas ou não, quando esperanças são realimentadas ou abandonadas etc. Não é razoável esperar que um novo governo disponha de um plano de voo para seus primeiros cem dias porque o governo está sendo montado nesse período. Negociações são custosas. Indicados por vezes não são confirmados. Nomeações demoram. E há uma administração em funcionamento nesse período. Entretanto, algum tipo de prioridades escalonadas no tempo ajuda o governo a não ser apenas reativo.

h) Calendários dessincronizados: Os calendários do mundo não são sincronizados uns com os outros. Isso vale para a política externa, para os governos estaduais e municipais, para o ano letivo, para as intempéries climáticas, para os ciclos de plantio e colheita da agricultura, para os feriados das diversas religiões, para o processo orçamentário, para as férias forenses, e por aí vai. No entanto, o governo federal precisa ficar atento a todos. E os primeiros meses de um novo governo não são triviais. Janeiro é mês de férias. As eleições para as presidências da Câmara e do Senado ocorrem logo no início de fevereiro. É urgente votar o orçamento. O Carnaval é sagrado. Nomeações demoram pelo menos um mês, na melhor das hipóteses. O novo governo não tem como saber de nada disso, salvo seja alertado.

No entanto, pode ficar atento e indagar de forma sistemática à burocracia para não ser surpreendido pelos tempos dos outros.

Conclusão

Democracia é alternância no poder. No entanto, é fundamental que ganhadores e perdedores saibam respeitar as regras do jogo para que ele possa continuar. Um jogo em que se burlam as regras, em que elas são contestadas a *priori*, ou mesmo sem regras tende a evoluir para conflitos de outra natureza — no limite, para guerras.

Governos são por definição transitórios. Por isso, é importante a construção de um Estado capaz de funcionar independentemente do governo do dia, respeitadas suas diretrizes e orientações, em termos de conteúdo de políticas públicas e atendimento de prioridades.

Encerrada a disputa eleitoral, o país não funciona só para quem ganhou, mas para todos. Na administração pública, não há espaço para comportamentos adversariais. O Estado é patrimônio de todos e precisa funcionar para toda a sociedade. Transições civilizadas e construtivas ajudam muito qualquer país, engrandecem quem se retira e ajudam enormemente quem chega. As bases institucionais para processos estruturados de transição estão dadas — e sempre podem ser melhoradas. Sua utilização dependerá de quem sai e de quem chega.

Quando o governo eleito em oposição ao *statu quo* já esteve no poder antes, esse processo pode ser melhorado, desde que o governo que se encerra colabore. Quando o governo que sai decide boicotar o que chega, o custo para o país é sempre maior, não apenas para o governo que chega.

A transição do governo que se encerra em 2022, supondo que seja derrotado nas eleições, tem vários terceiros disponíveis para auxiliá-lo nesse momento de transição. Dentre esse conjunto de atores, destacam-se os organismos internacionais, em especial as agências da onu, os bancos de desenvolvimento, as fundações do terceiro setor, a comunidade acadêmica e científica, *think tanks* nacionais e internacionais.

Importantes são a abertura para o diálogo, a atitude de buscar ajuda e a humildade para construir, em parceria, as soluções de que o país tanto necessita. O Brasil precisa desinterditar seu futuro. Dificilmente um governo, por melhor e mais bem-intencionado que seja, vai ser capaz de fazer isso sozinho. O governo que se encerra pode ajudar — ou não. O importante é que a sociedade brasileira participe de maneira proativa e organizada do turbilhão da transição que ocorrerá nos próximos meses.

16. Com quem governar? A montagem do governo

Quando um novo governo é eleito, seu primeiro desafio é organizar a equipe que assumirá os cargos dos altos escalões da administração pública, junto com o chefe do Executivo escolhido. Isso vale para o governo federal, os estaduais e municipais. Os critérios para as escolhas dos principais membros da equipe não estão documentados e, dada a experiência vivida em diversas administrações, a seguir listamos algumas recomendações.

O espaço para a indicação de cargos pelo governante eleito varia conforme o órgão. Algumas áreas do Estado costumam ser mais profissionalizadas que outras, o que se traduz em um menor espaço para a nomeação política. Em geral, são os órgãos de natureza jurídica e a área econômica — o chamado centro de governo —, em que há menos cargos disponíveis para a indicação política.

É importante também registrar que uma coisa são os cargos de confiança de recrutamento amplo e outra os cargos de confiança de recrutamento restrito. No primeiro caso, qualquer pessoa da confiança do dirigente pode ser escolhida (inclusive oriundos da burocracia do serviço público). No segundo, há restrições, ou seja, a pessoa precisa ser ou funcionária da Casa ou pertencente ao serviço público — varia conforme a legislação.

O ponto central dessa reflexão é o mapeamento dos critérios que dirigentes levam em consideração quando escolhem seus principais auxiliares para os cargos de confiança à disposição. Muitas vezes, é difícil entender as razões que levaram determinadas pessoas a serem escolhidas. A verdade é que não há escolha que não obedeça a algum tipo de lógica. A seguir, são apresentadas algumas delas, sem a pretensão de esgotar os motivos que fundamentam essas nomeações.

Os critérios levados em conta para indicar dirigentes dão uma pista do tipo de resultados que se espera de cada membro da equipe de direção do governo. Os resultados variam, conforme a arena focalizada. Resultados podem incluir desde impactos produzidos por políticas públicas específicas até a sustentação política junto a partidos da coalizão ou credibilidade junto a grupos de interesses afetos à área em questão. São vários os tipos de cálculo político envolvidos, portanto. Nem todos são mensuráveis, dada a variedade de métricas e de suas naturezas.

Há, também, uma frequente sobreposição de critérios. Há pessoas que atendem a vários ao mesmo tempo. Aqui são apresentadas essas lógicas, em separado, de forma a facilitar a compreensão.

Relacionamento pessoal

A familiaridade com a pessoa indicada é um fator que conta muito, em especial para funções sensíveis, que envolvem riscos de responsabilização, movimentação de recursos e/ou sensibilidade política. Esse grupo é variado. Abrange conterrâneos, amigos de escola, amigos, familiares, colegas de trabalho, redes profissionais e outros. O critério-chave, no caso, é a lealdade, base de uma confiança muito grande, construída no passado, ao longo dos anos. Essa lealdade é compreendida quase como subserviência, ou, pelo menos, como uma relação de honestidade, correção e transparência. Via de regra, esse critério é mais utilizado por quem conhece menos o governo. Essa desinformação e insegurança leva a uma maior demanda por um cinturão protetor ao gestor que é proporcionada pelo pessoal que goza da intimidade pessoal do Executivo.

Indicação político-partidária

O provimento do cargo por pessoas que são provenientes da lógica político-partidária reflete uma preocupação com a base de poder do Executivo. Ao acatar nomeações de burocracias partidárias ou indicadas por partidos da coalizão governante, o gestor procura se cacifar politicamente junto ao Executivo, ao Legislativo e aos partidos políticos que constituem a base do governo. Ao preencher posições com indicados politicamente, o Executivo ganha suporte político, mas também fica refém desse apoio. A substituição de quadros indicados como fruto de negociações políticas não é tão discricionária. Daí o provérbio "Nunca nomeie para uma posição uma pessoa que você não pode demitir", citado com frequência em Brasília, geralmente associado a ministros muito poderosos que enfeixam compromissos políticos complexos e sensíveis.

A opção pela *expertise*

O conhecimento técnico encontra-se em declínio nas burocracias. Cada vez mais privilegia-se o conhecimento generalista, em geral mais comum nas áreas do direito e das ciências humanas e sociais. Mesmo os detentores de conhecimento especializado acabam ascendendo a funções gerenciais, o que relativiza a incorporação de conteúdos técnicos específicos. Assim, convidam-se para cargos do gabinete especialistas ou grandes nomes de determinados campos temáticos, oriundos do mercado, da universidade, de organismos internacionais ou das corporações profissionais. Essas escolhas respondem a questões como "ser do ramo", "conhecer do riscado", "trânsito junto à *policy community*", "lugar de fala" e outros. Em áreas setoriais mais complexas, o argumento da *expertise* costuma ter mais repercussão.

A representação da clientela

Um outro critério está associado à clientela da área: um empresário para o setor produtivo, um sindicalista para a área trabalhista, um reitor para a educação, um ambientalista para a esfera ambiental etc. A tese é a de que, ao cooptar um representante do público-alvo para a posição de direção que lidará com sua base, o diálogo está assegurado e, quem sabe, uma maior facilitação da geração dos resultados politicamente desejados. Essa opção internaliza a tensão das reivindicações dos grupos de interesse no governo, porque o membro da equipe de governo funciona como um representante de sua base nas negociações com a cúpula do gabinete. A tensão é produtiva, quando a gestão é bem-sucedida, porque amplia o alcance e a efetividade das ações de governo. Quando malconduzido, esse arranjo drena capital político do governo e produz crises.

A terceirização da seleção

No período 2019-22, foram realizados vários experimentos, em geral nos governos estaduais, nos quais o dirigente eleito delegava a contratação para altos cargos de confiança (e para alguns de médio escalão, em certos casos) a organizações do terceiro setor ou empresas especializadas em recrutamento e seleção. Esses processos obedeceram a uma lógica estruturada, que abrangeu descrição dos cargos, análise de competências, seleção de currículos, realização de entrevistas e elaboração de listas curtas para que, então, os chefes do Executivo pinçassem seus escolhidos. Esse processo, avaliado ainda apenas preliminarmente, porém de forma positiva, resultou na seleção de quadros do próprio serviço público, candidatos de outros estados, profissionais do mercado etc. que não tinham vínculos de nenhum tipo com o governante eleito. A opção política de se promover um recrutamento profissionalizado não é isenta de riscos e problemas. Surge, contudo, como um grau de liberdade adicional ao conjunto de critérios utilizados no processo de montagem da equipe de governo.

Prata da casa

É frequente a busca de quadros permanentes da burocracia para a ocupação de altos cargos em gabinetes ministeriais, de governos estaduais ou municipais. A identificação de "*insiders*", sejam identificados politicamente com o novo governo, sejam reconhecidos pela competência para além de questões partidárias, é uma opção frequente, em especial em certo tipo de área temática. Esses setores costumam ser dotados de burocracias fortes, além de serem áreas-meio usualmente pouco atrativas para a formação de quadros partidários com chances eleitorais. Os benefícios são óbvios: redução do problema de assimetria de informação, aceleração do processo de apropriação das possibilidades da máquina, credibilidade interna etc. Os riscos também são conhecidos: captura, cooptação pelos locais, enfrentamento de resistências a novas orientações etc.

Equipes de governo podem ser bastante heterogêneas, isto é, formadas por pessoas com diferentes perfis. A premissa é a de que um grupo heterogêneo e diversificado, se bem gerenciado, pode produzir resultados mais efetivos do que um grupo homogêneo. Essa heterogeneidade é também uma forma de o dirigente máximo atender, no geral, a um vasto conjunto de requisitos que ele entende ser necessário. Nem sempre isso é possível, mas é interessante ter essa possibilidade em tela.

Outro ponto a ser observado diz respeito à natureza da composição da equipe de governo, considerada a dinâmica temporal de um mandato. O perfil do gabinete no início do governo é distinto do que se vê no fim do mandato. Há papéis requeridos quando um governante assume (simbolismos, gerar expectativas, atrair apoios, anunciar propostas etc.) que são distintos daqueles no término (*checkout*, prestação de contas, conclusão de projetos, preparação de uma transição etc.).

Dessa forma, quando se observa uma equipe à frente de um governo, é possível destrinçar o conjunto de razões responsáveis pela presença de cada dirigente no gabinete e do valor agregado esperado por cada um deles. O resultado do governo e sua avaliação pela sociedade, seja cotidianamente via mídia, seja de quatro em quatro anos pelo eleitorado, depende da dinâmica desse time, sob a liderança do dirigente máximo do governo — prefeito, governador ou presidente da República.

Em última instância, equipes bem-sucedidas são resultado de uma "química" virtuosa que se estabelece naquela quadra do tempo, em um determinado contexto. Essas duas variáveis são importantes. É difícil sustentar essa "química" ao longo do tempo — por exemplo, em dois mandatos distintos. A fadiga de materiais é natural. Além disso, a mesma equipe não terá necessariamente desempenho similar em dois contextos distintos — em ministérios distintos, por exemplo.

Equipes de governo são importantes para o sucesso de uma administração. As complexidades do contexto em que as equipes operam são muitas. Existe uma vasta constelação de fatores que influenciam o desempenho político, econômico, institucional de um governo. Essas variáveis incluem capacidades instaladas, resiliência institucional, cálculos políticos, racionalidade econômica, perfil da liderança, trajetórias passadas, inércia estabelecida, dinâmica contextual, fatores estruturais, choques e acidentes, entre outros. Assim sendo, é importante relativizar o peso que boas equipes têm no resultado final de um governo.

O processo de constituição de um gabinete é pessoal e intransferível, mesmo quando a opção é por terceirizar a escolha. Política é, entre outras coisas, um *"blame game"*. Reclamar crédito e desviar-se de responsabilidades é parte desse dia a dia, no qual o processo de montar e gerenciar uma equipe de governo ocorre. Membros de uma equipe são parte dessa equação, isto é, fusíveis para crises, estejam eles diretamente envolvidos ou não.

Cabe, ainda, o registro de que vivemos em uma sociedade em que há culto ao indivíduo. A mais popular teoria da mudança, implícita e explicitamente, veiculada na mídia, de maneira massiva, é a do líder capaz de promover grandes transformações. Fortemente inspirada no setor privado, essa visão de liderança hoje se dissemina no setor público, com consequências.

Sem prejuízos das lições que advoga, cabe lembrar que no setor público os atributos pessoais de um indivíduo dependem fortemente da mobilização de recursos institucionais para serem magnificados. As equipes costumam ser o mais importante deles.

17. O serviço público ruma para a extinção?

A tarefa de construção de um serviço público meritocrático profissional ocupou o centro da agenda de estruturação dos Estados nacionais dos países desenvolvidos ao longo do século XX. Não existe nação rica sem profissionais de carreira que se dediquem a tratar dos assuntos públicos, independentemente do governo do dia. Essa imagem-objetivo dominou os esforços espasmódicos de países latino-americanos.

A utopia da construção de um serviço público com base em sistemas de carreiras como a do Itamaraty — que, por sinal, precisa de renovação — não existe mais. Se foi faz tempo, desde os turbulentos anos da Nova República, quando o governo Sarney e a Assembleia Nacional Constituinte fizeram uma opção de Estado com os olhos no passado, não no futuro.

Em alguns países ricos — como o Reino Unido, a França e os Estados Unidos —, o setor público está em processo de retração. Nos três casos em questão, a motivação varia. No Reino Unido, uma combinação de vieses econômicos e reducionistas do Estado tem sinalizado uma redução do *staff* existente, no contexto do quarto governo sob comando dos conservadores. Na França, um país de fortes tradições republicanas, Macron decidiu recentemente mudar dois ícones do serviço público francês — a ENA e o corpo diplomático —, numa sinalização de que o elitismo das duas instituições não é mais compatível com um Estado que precisa ser mais representativo e diverso. Nos Estados Unidos, o chamado *"administrative state"* foi duramente golpeado no governo Trump, cujos esforços destinados a desmantelar o que chamava de *"deep state"* desestruturaram uma administração pública de perfil técnico cuja construção demorou mais de um século.

O Brasil pós-redemocratização passou por vários momentos em que visões do Estado nacional disputavam a hegemonia junto à sociedade, porém sem que prevalecesse uma imagem-objetivo dominante. Todas acabaram sendo circunstanciais, conjunturais, superpondo-se em camadas cujo único saldo nitidamente consolidado foi o do estamento jurídico, que perpassa os três poderes e órgãos associados, como o Ministério Público e o TCU.

O convulsionado governo Sarney começou buscando construir um novo Estado republicano meritocrático e profissional que mal foi esboçado e soçobrou em função da instabilidade macroeconômica que levou o país ao precipício do processo hiperinflacionário. Collor promoveu logo de imediato um choque que desestruturaria a frágil administração pública federal por anos ao desarrumar o governo federal motivado única e exclusivamente por preocupações relacionadas a cortes de custos. Itamar começou um processo de reorganização do serviço público que seria de fato colocado em pé apenas após a estabilização macroeconômica. Fernando Henrique Cardoso iniciou a efetiva construção de uma administração pública federal, privilegiando a criação de uma área econômica profissional e qualificada e a criação de agências reguladoras. Recorreu, porém, fortemente a mecanismos de provisão de mão de obra transitória, como força de trabalho temporária e quadros contratados por organismos internacionais e pelos fundações universitárias para as áreas finalísticas. Lula realizou um conjunto sem precedentes de concursos públicos na história do país — feito pouco reconhecido pela mídia e pelos e formadores de opinião — e povoou o governo federal com profissionais jovens e preparados recrutados no Brasil inteiro. Dilma deu continuidade a esse processo, porém sem visão estratégica e em quantidade menor devido a restrições fiscais. No governo Temer, os concursos foram poucos e circunscritos a áreas específicas. Bolsonaro apresentou a redução absoluta de dezenas de milhares de servidores públicos como resultado positivo de seu governo, marcado pela ausência de concursos públicos e reajustes salariais ao funcionalismo, no contexto de uma visão minimalista do papel do Estado, com exceção das Forças Armadas e de quadros ligados ao aparato da segurança.

Qual o saldo dessas pouco mais de três décadas em termos dos projetos em disputa relacionados ao serviço público federal? A primeira visão, de recorte mais reducionista, influenciada por uma combinação de motivações fiscais e viés crítico em relação ao papel do Estado na economia, sugere o estancamento dos concursos públicos, a intensificação dos processos de transformação digital da máquina administrativa do Estado, o recurso a todo tipo possível de mecanismos de contratação de temporários e o foco das atenções no papel dos chamados cargos de confiança. Essa perspectiva tem forte aderência junto ao mundo empresarial, à área econômica de sucessivos governos e à maioria das fundações do terceiro setor que atuam na esfera da gestão pública.

Uma segunda visão tende a ver, na expansão da máquina pública, um bem em si, de modo que a massificação dos concursos públicos, como ocorreu em setores como o ensino superior, é a solução para a estruturação de um Estado nacional provedor direto de serviços públicos para a população. Visto por essa ótica, é preciso repor as perdas de pessoal decorrentes de aposentadorias, assegurar a realização de concursos públicos para órgãos com gargalos de pessoal, fazer uso intensivo de empresas estatais e órgãos assemelhados em áreas em que a administração direta tem dificuldades e garantir uma atuação do Estado via governo federal em setores em que o mercado e os níveis subnacionais não estejam atuando adequadamente. Essa visão tende a abstrair restrições de natureza fiscal e negligenciar as distorções e os riscos decorrentes do corporativismo, porém tem forte apelo junto ao funcionalismo e às parcelas que mais dependem de serviços públicos.

Uma terceira visão, intermediária entre as duas anteriores, presente ainda que com variações em momentos como o primeiro mandato de FHC e o segundo mandato de Lula, procura encontrar um equilíbrio, ainda que instável, entre os diversos vetores em jogo. A premissa inicial é a de que é preciso concluir a tarefa inacabada de construção de um Estado nacional, profissional e meritocrático. Basta olhar para a situação de ministérios como o da Educação e o da Saúde para se ter uma ideia da gravidade e da urgência do problema. No Ministério de Educação (MEC), as carreiras são antigas e frágeis. O ministério se apoia fortemente em quadros provenientes de universidades e institutos públicos. Não há massa crítica capaz de assegurar um aprendizado cumulativo em políticas públicas. No Ministério da Saúde — um dos maiores orçamentos do país e o responsável pelo maior volume de recursos destinados a emendas parlamentares —, o quadro é semelhante, com forte utilização de quadros da Fundação Oswaldo Cruz (Fiocruz) e contratados por organismos internacionais — em especial a Organização Pan-Americana da Saúde (OPAS). A segunda premissa é a de que a revolução tecnológica transformou radicalmente o mundo do trabalho, o que quer dizer que é preciso menos gente para fazer as mesmas coisas, o que se traduz na necessidade de uma gestão mais cuidadosa da força de trabalho, que não precisa ser reposta na proporção de um para um, no caso de aposentadorias. A terceira premissa é a de que arranjos temporários e flexíveis podem ajudar no desempenho de funções governamentais, desde que bem supervisionados e utilizados com critérios e parcimônia, não sendo necessária a utilização de quadros permanentes do Estado para tudo o que se faz na esfera pública.

Essas três visões coexistem em contínua interação, porém sem necessariamente serem explicitadas, em uma disputa invisível e, com frequência, incompreensível para os envolvidos e observadores externos. Acrescente-se o fato de que é muito difícil discutir esses temas em abstrato. Cada caso concreto é uma realidade específica. O governo é constituído por um mosaico de especificidades e os tratamentos genéricos e sistêmicos para os problemas acabam sendo a exceção, não a regra. Esses temas são cercados de visões ideológicas, caracterizados pelo desprezo aos fatos, raramente discutidos com base em dados e decididos desconhecendo-se os históricos das áreas e suas perspectivas futuras.

As motivações dos defensores das três visões — minimalista, expansionista e "cirúrgica" — são consistentes com projetos políticos distintos. Todas possuem argumentos coerentes para defender seus pontos de vista, ainda que, em alguns casos, o respeito pela realidade dos fatos seja atropelado pelo fervor ideológico. Minimalistas tendem a não querer enxergar as consequências da ausência do poder público em áreas essenciais para a população. Expansionistas ignoram de forma recorrente as implicações de se desprezar restrições de ordem fiscal. Cirúrgicos subestimam a importância de soluções consistentes e institucionais, em vez de acomodações precárias e de fôlego curto. O fato é que não há mágica nesses dilemas e soluções precisam ser construídas, com horizontes de curto, médio e longo prazos.

O governo que iniciará em 2023 terá uma janela de oportunidade para redefinir um projeto de serviço público para o Brasil. Seis fatores contribuem para a conjunção favorável desse combo de alavancas de mudança. Uma gestão estratégica focada no aproveitamento deles, individualmente e em conjunto, pode mudar a face do serviço público no país.

O primeiro deles é a severa política contracionista de contratações dos governos Temer e Bolsonaro — especialmente o último. Nesse quadro, é possível a definição de uma política mais cuidadosa de concursos públicos, estratégica e a conta-gotas, dadas as restrições do espaço fiscal existente. O desafio, no caso, está no diagnóstico dos gargalos mais sérios, como na Educação, na Saúde e na Seguridade Social, assim como na forma de enfrentá-los — por exemplo, via fortalecimento da carreira de analistas de políticas sociais e do INSS.

O segundo fator é a revolução tecnológica, área na qual os últimos governos têm produzido alguns avanços, porém sem vinculação estratégica com as necessidades administrativas e a área de gestão de pessoal. O perfil das pessoas e a natureza dos vários órgãos precisam de uma análise de sua situação e de sua trajetória futura. Há uma série de atividades que serão automatizadas. O tipo de profissional requerido e a quantidade mudaram. A necessidade crescente é de uma demanda por menos quadros, porém com um perfil mais sofisticado, especialmente com capacidades digitais e comportamentais — não necessariamente os mesmos.

O terceiro fator é o advento do trabalho remoto, que já existia de forma isolada em uma organização ou outra, antes da covid-19, e explodiu na pandemia. Trata-se de uma oportunidade única na história das relações de trabalho, com um acúmulo de testes de dois anos e meio, no qual se verificaram aprendizados importantes para a sua institucionalização. Os ganhos de produtividade, a economia de custos administrativos, redução do número de viagens, a ocorrência de inovações destinadas a dar suporte e vários outros fenômenos transformaram o ambiente organizacional.

O quarto fator é a regulamentação de processos de avaliação de desempenho efetivos, que possam fomentar uma cultura de entregas, de aprendizado e produtividade do serviço público. O trabalho remoto favorece isso porque individualiza o pacto do servidor com sua unidade organizacional. Avaliações de desempenho periódicas permitem a valorização dos bons funcionários, apoios cirúrgicos àqueles com dificuldades de se desincumbirem de suas tarefas e o desligamento de funcionários desinteressados no serviço público.

O quinto fator é a ampliação do conjunto de possibilidades oferecidas pelo trabalho temporário, hoje reduzidas a situações muito excepcionais. Não faz sentido o governo recorrer a mecanismos de expediente, mais caros e menos adequados, como a contratação de quadros via fundações universitárias e organismos de cooperação técnica internacional, entre outros, para lidar com necessidades transitórias da administração. Quanto mais opções, maior a possibilidade de arranjos híbridos que, embora demandem maior coordenação, suprem as urgências sem a precarização do regime estatutário.

O sexto fator é uma atualização dos formatos, processos e conteúdos de formação dos quadros do Estado. O ensino a distância veio para ficar, mas não pode ser confundido com socialização de materiais didáticos ou conjuntos de palestras. A certificação, importante mecanismo de comprovação de aprendizado, está vinculada a procedimentos de avaliação de assimilação mínima de conteúdos. O desenvolvimento de competências e habilidades digitais, comportamentais e empreendedoras é vital para um serviço público contemporâneo. O governo federal já opera em rede, junto a um razoável conjunto de escolas de governo públicas e privadas. Pode talvez se aproximar mais do universo acadêmico, mas, nesse caso, os níveis de convergência precisam ser mais bem especificados, no interesse de ambas as partes.

O serviço público federal hoje não possui apenas ilhas de excelência, como foi o caso de algumas das estatais que possibilitaram a emergência do Estado desenvolvimentista na segunda metade do século xx. Há muitos setores e organizações da administração pública federal razoavelmente profissionalizados. Há uma capacidade instalada cujo aproveitamento depende, inevitavelmente, do governo do dia.

O Brasil vive uma situação de construção inacabada, no que se refere a sua administração pública federal, ao mesmo tempo em que precisa ajustar sua imagem-objetivo a um serviço público que antecipe o futuro, contemple o passado e se desincumba do presente. Não há mágica, mas é necessário separar as agendas e coordená-las estrategicamente.

Não há projeto de Estado sem compreensão da cúpula política do governo e da liderança da equipe econômica. Trata-se de um processo inevitavelmente longo, penoso e conflitivo, que demanda consistência no tempo e persistência na persecução dos resultados.

O desenho esboçado para o futuro é inevitavelmente heterogêneo, como o presente, porém com um balanceamento potencialmente melhor, desde que o novo governo atue de forma coordenada no enfrentamento dos desafios postos. Não existe estratégia de *big-bang* para a reforma do Estado. O caminho avançado aqui é o de uma incrementação estratégica, implementada a partir de uma visão compreensiva de um Estado que precisa ser inclusivo e progressista.

O momento é o de formulação de propostas, de busca de inovações e de construção solidária de um serviço público no governo federal que efetivamente funcione a serviço da população e de um projeto de desenvolvimento nacional que seja inclusivo, sustentável e digital. A janela de oportunidades da transição e do início do novo governo é estreita. Cabe à sociedade brasileira e a seus representantes aproveitá-la da forma mais competente e criativa possível.

18. Processar conflitos significa desinterditar o futuro e abrir caminhos para o novo

A cultura política administrativa brasileira tem um repertório de comportamentos para lidar com conflitos: jeitinho, conciliação, acomodação, procrastinação, acomodação, enrolação, diversionismo etc. A lista é grande. Geralmente, o país resolve um problema ou outro na margem, quando o bolo cresce, em momentos de expansão da economia e de folga fiscal. Quando a estagnação ou a recessão ocorrem, todos se agarram com tudo ao que têm e qualquer mudança que afete o *establishment* é objeto de reação. Mudanças no conflito redistributivo pró-maioria da população não costumam passar facilmente. As coalizões se organizam em torno de pontos de veto. É assim. (Quase) Sempre foi assim. Será sempre assim? Segue o baile.

Por quase duas décadas, o Brasil gerou avanços que pareciam consistentes no combate à pobreza e na redução de desigualdades. Não eram. A evolução dos acontecimentos mostrou a ausência de *ownership* em relação aos avanços ocorridos. Não se revelaram sustentáveis. A disputa pelo poder produziu uma ruptura no *modus operandi* da política nacional, tendo como instrumento a Lava Jato e pano de fundo dois anos de grave recessão econômica. O impeachment de 2016 abriu a caixa de Pandora, em 2018 Bolsonaro foi eleito e descobriu-se que tinha o apoio de grande parcela da sociedade brasileira, seja pelos méritos próprios, seja pelo antagonismo ao *establishment* petista, seja pela dinâmica da política moderna que nos transforma a todos em presas voláteis do ricochete acelerado de conteúdos infinitos nas redes sociais.

A antiga guerra de trincheiras e de posições, no âmbito do processo de construção de coalizões, veio acompanhada pela erosão do Poder Executivo de 2011 em diante. Poucos se deram conta disso. O avanço de grupos de interesse diversos e dos demais poderes e órgãos associados (como o TCU e o Ministério Público) produziu uma realidade impensável alguns anos atrás. Com o benefício do retrospecto, é possível ver que várias tendências vinham se desenrolando há mais tempo, mas não se atentou para onde desembocariam, nem isoladamente nem de forma combinada.

É interessante observar alguns exemplos desses sinais de problemas se acumulando, impasses se deteriorando e clima se envenenando, que não foram sendo percebidos. O escândalo do mensalão não gerou consequências pedagógicas, nem no âmbito da justiça nem no contexto da administração pública. O número de punidos e a extensão das penas foram considerados insuficientes para gerar na opinião pública a percepção de que justiça tinha sido feita, embora tenha custado a carreira do maior operador político do governo, José Dirceu, e do líder do PTB de então, Roberto Jefferson. Na esfera governamental, nada mudou na forma de o Executivo supervisionar as empresas estatais. Continuaram pouco transparentes e fora do alcance tanto dos órgãos de controle quanto de uma supervisão ministerial mais efetiva. A combinação de mecanismos de montagem de coalizões com base em barganhas que envolviam "a entrega de órgãos com porteira fechada" com as fragilidades dos controles internos e externos no embate da supervisão das estatais continuava. Essa dinâmica produzia uma situação favorável à ocorrência de corrupção, como o caso da Petrobras revelaria.

A execução orçamentária financeira do governo vinha funcionando a contento, porém os problemas começaram a se agravar quando os recursos começaram a aparecer. A explosão do ciclo de *commodities* e a descoberta do pré-sal permitiram ao país, por um lado, atravessar bem a crise financeira internacional de 2007/08, mas, por outro, criou-se uma percepção de abundância infinita de recursos dissociada da realidade. Os esforços para a melhoria da qualidade dos gastos via investimentos na modernização dos sistemas estruturantes do governo e na rediscussão da legislação orçamentária financeira não foram compreendidos e apoiados nem pela cúpula da burocracia das áreas do Orçamento e do Tesouro, nem pelos políticos à frente dos ministérios do Planejamento e da Fazenda, após Dilma suceder a Lula. A discussão sobre reforma orçamentária foi abandonada e as consequências da deterioração da forma como se passou a tratar a contabilidade pública de forma inconsequente resultaram na radicalização das críticas do TCU ao governo, que resultariam na instrumentalização de procedimentos contábeis irregulares para municiar o processo de impeachment.

Lula teve sete ministros de Relações Institucionais, mas quem de fato fazia a negociação das emendas parlamentares com o Congresso era seu ministro do Planejamento, Paulo Bernardo. No primeiro mandato de Dilma, o Congresso se fortalece e começa a conquistar um poder no processo alocativo que não detinha. A aprovação do "orçamento impositivo" a fim de "proteger" as emendas foi um passo importante para a escalada que culminou no "orçamento secreto" no fim do governo Bolsonaro. O debate em torno do papel das emendas orçamentárias no jogo político faz parte de uma discussão maior, da reforma política. Executivo, Legislativo e Judiciário vivem às turras com o assunto. A realidade é que nunca disputamos eleições majoritárias pelas mesmas regras nestas duas últimas décadas, o que, somado aos dois impeachments em menos de um quarto de século, talvez signifique algo sobre a necessidade de se rever o sistema político. O debate sobre reforma política ressurge espasmodicamente desde a redemocratização. O fato é que sem um esforço conjunto dos poderes Executivo e Legislativo, com anuência do Judiciário, não há a menor possibilidade de essa discussão prosperar. E nenhum presidente desde então teve interesse no tema, salvo no caso pontual da reeleição de FHC.

Quando Lula lança o PAC, logo após sua reeleição, e atropela o processo de elaboração do PPA de 2008-11, sepulta de vez a obsoleta estrutura do planejamento governamental do país. Perdeu-se, ali, uma chance de se fazer um debate atualizado sobre as estratégias de desenvolvimento nacional, inclusive incorporando a massa crítica contida nos estudos produzidos sobre planejamento territorial no decorrer do primeiro mandato presidencial. Abandonou-se qualquer pretensão de se fazer um planejamento compreensivo, baseado em uma lógica aderente a visões de desenvolvimento regional. O pac arrancou forte, ancorado em uma dinâmica associada à gestão de projetos de infraestrutura, que mobilizou e aglutinou empresários e lobbies de diversos setores em torno da disputa por verbas e suporte político junto ao governo. Começou-se um ciclo de investimentos, originalmente impulsionado por recursos públicos, mas crescentemente assumido pelo setor privado, cuja participação ganhou impulso no governo Temer com o ppi, que incorporou o aprendizado decorrente da interação com o tcu na modelagem de concessões, e posteriormente ganhou velocidade no governo Bolsonaro. A dúvida que fica é se não teria sido possível compatibilizar esses ganhos com uma melhor calibragem e coordenação dentro de uma perspectiva de desenvolvimento de regiões como a Amazônia e o Nordeste. Uma possibilidade é o desconhecimento técnico das equipes dos sucessivos governos dos benefícios econômicos e sociais de uma abordagem mais estratégica dos investimentos no território. No entanto, o imediatismo típico do setor privado e da classe política, combinado com os déficits de capacidade da administração pública, dificilmente poderiam ter produzido outro resultado.

Outra situação curiosa é a das universidades públicas, cujo relacionamento com os setores privado e governamentais é problemático, sem previsões de mudança. O TCU exerceu pressão para o enfrentamento de alguns problemas, como a contratação de empregados irregulares por fundações ligadas a hospitais universitários, o "bolsismo" associado ao pagamento de docentes sob esse subterfúgio na prestação de serviços extra às atividades docentes e o descontrole da situação de várias fundações frouxamente vinculadas às universidades federais. No fim do governo Lula, foram tomadas medidas como a criação da Empresa de Prestação de Serviços Hospitalares para absorver os celetistas contratados pelos hospitais. Criaram-se vários mecanismos de enquadramento das relações das fundações universitárias de forma a aprimorar sua governança e coibir a ausência de mecanismos de responsabilização. Mas o fulcro do problema era a forma de remunerar professores por serviços acadêmicos, de pesquisa, de consultoria e de extensão por dentro do orçamento. Doze anos depois, a situação evoluiu pouco, em boa medida pela conexão do assunto com a necessidade de revisão da sistemática orçamentária (nas partes de passagem de recursos de um ano para outro, remanejamento de rubricas e reinversão de recursos próprios).

O caso da difícil supervisão das estatais tem sido capaz de resistir a todos os governos desde a redemocratização. Uma avalanche de controles formais foi introduzida após a aprovação da Nova Lei das Estatais. A efetividade desses novos mecanismos ainda não está clara, porque tanto a CGU quanto o TCU estão de certa forma muito próximos do governo atual. Ambos os órgãos, hoje, possuem um relacionamento diferente com as empresas estatais, mais permeáveis à atuação dos controles. Ainda assim, como denúncias relacionadas à instrumentalização de algumas estatais específicas evidenciam, o tema está longe de ser esgotado. Estatais estão sendo utilizadas para a implementação de projetos objeto de emendas parlamentares, uma prática que tem implicações para seu próprio funcionamento, como no caso da Companhia de Desenvolvimento dos Vales do São Francisco e do Parnaíba (CODEVASF). O monitoramento das empresas estatais já era uma temática complexa historicamente, que veio à tona em função do mensalão e da Lava Jato. Com o "orçamento secreto" e o envolvimento de empresas na implementação de emendas o cenário ficou ainda muito mais turvo.

Somos um país com dificuldade de lidar com discordâncias, divergências, vencedores e perdedores. Não sabemos nem ganhar nem perder, como vários de nossos dirigentes têm continuamente demonstrado. Apelamos sistematicamente. Isso é o que as escolas de direito ensinam. Isso é o que o relacionamento com o Estado encoraja. Fazemos de conta que não haverá dia seguinte, então jogamos pesado — achamos que isso é compromisso e lealdade às nossas causas. Quando o "derrotado" sai também machucado e humilhado, é questão de tempo o revanchismo aflorar, com mais emoção e menos argumentação.

De quebra, arrastamos o STF, que, docemente constrangido, se considera obrigado a dar palpite em todo tipo de assunto, uns mais suculentos que outros. O mesmo vale para o TCU e os Tribunais de Contas Estaduais (TCEs), cada vez mais atuando *ex-ante* porque queremos aprovação das nossas contas e absolvição *a priori* pelos nossos pecados. Não há como o país funcionar dessa forma. O Executivo dispõe de um braço jurídico pesado — a AGU, que fica no topo da cadeia alimentar das carreiras do funcionalismo — para trabalhar a seu favor e fundamentar seus posicionamentos de forma proativa, não apenas reativa. São milhares de advogados que são recrutados para atuar a serviço do Estado, mas que precisam de supervisão, diretrizes e mecanismos de responsabilização.

É plausível especular que uma das causas do esgarçamento e rupturas ocorridas nos anos recentes decorra da frustração da sociedade com o acúmulo de temas "pendentes" acumulados e entrelaçados, para os quais o país não foi capaz de gerar respostas capazes de atender às frustrações populares. As difusas e multicausais Jornadas de Junho de 2013 são um bom exemplo disso. Eclodiram e se foram. Incompreendidas e mal assimiladas. Seu saldo foi o engrossamento da *malaise* que afloraria anos depois. Como diz o jargão brasiliense: "O que não é tratado, sai caro."

O próprio surgimento do bolsonarismo, para além do personagem presidencial, de certa forma pode ser interpretado como uma reação a um ambiente em que essas forças e valores não tinham canal de expressão socialmente reconhecido até poucos anos atrás. A pauta da extrema direita tem aderência e sempre esteve aí, porém precisa ser discutida, processada e tratada à luz do dia. Do contrário, ficará assombrando e drenando energia e capital social do debate político sem nunca ser efetivamente discutida.

Nostalgias e recorrências são normais na política e na vida dos povos. Mas no Brasil, e de certa forma na América Latina, o futuro parece enfrentar dificuldades de proporções surpreendentemente grandes, talvez em função da história da região e das características de sua colonização. Em boa medida, o bloqueio das transformações de que o país necessita está associado às resistências dos que se beneficiam historicamente com o *statu quo*.

A grande maioria dos problemas nacionais tem nas suas causas primeiras os comportamentos de cartéis e corporações, em conluio com um *establishment* jurídico que tem sido o leal parceiro da ordem estabelecida. Em princípio, a democracia destina-se a corrigir esse tipo de desequilíbrio ao longo do tempo. Quando a disputa pelo poder "degringola", como se verificou na última década, perde-se o foco nos desafios nacionais e a neblina se instala.

As redes sociais aceleraram os fenômenos do declínio da *expertise* e da ascensão da "tudologia" — somos todos peritos em tudo, graças à socialização massiva de conteúdos e comunicações em escala global. Não há mais curadoria ou filtros, salvo a exercida pelos algoritmos. A regulação das redes sociais é, hoje, um dos grandes debates contemporâneos, juntamente com a emergência climática, a inclusão social e a longevidade. Eis que, de repente, fomos transportados pelo túnel do tempo no ciberespaço para os anos 1930, para o século XIX e para a Idade Média, conforme a discussão. Guerras entre povos civilizados voltam a ocorrer. A religião volta a se impor ao laicismo republicano estatal. Negacionismos em relação a vacinas se disseminam. E eis que tudo está muito confuso.

As incertezas têm alimentado o medo, o obscurantismo e a sedução por soluções autoritárias. O medo que patrocina todos esses retrocessos precisa ser enfrentado com a clareza da razão, com a organização dos debates e com a política fundada na democracia. Só que a razão pede tempo para emergir. Não é um produto instantâneo do convívio social. A aceleração do tempo trazida pelas novas tecnologias mudou as noções do tempo e do espaço. De certa forma, a linha do tempo deixou de funcionar para muitas coisas.

A história vai se tornando remota. Os livros estão ficando obsoletos. Os jornais e as redes de televisão agonizam. O mundo digital ainda não enfrentou o escrutínio da democracia. Comandado pelas *big techs*, inova continuamente e nos transporta para novas realidades que tendem a se distribuir em multiversos e bolhas, numa fantástica jornada pelo ciberespaço.

O Brasil precisa recuperar sua bússola moral, por mínima que seja. O país, hoje, não consegue se explicar para seu povo.

Grande parte dessa responsabilidade é das elites, que teriam melhores condições de fazê-lo. Um país inconciliável é retrato de um conflito distributivo que se tornou insustentável e o qual desestabiliza a política. Curiosamente, as forças políticas associadas ao *establishment* nacional foram as que patrocinaram tanto o impeachment quanto a Lava Jato e a eleição (democrática!) de Bolsonaro.

Um novo governo é uma nova oportunidade de reconciliação nacional. Não é possível um país ser governado por meio de práticas de *bullying* político, institucional e moral. O medo apagou o Brasil do mundo. O retorno aguardado pela comunidade internacional será lento, penoso e conflitivo. Mas será na direção de um futuro melhor e mais justo. Reformar o Estado serve para isso. E para que isso ocorra, muitos conflitos precisarão ser explicitados, enfrentados, processados e superados.

Sobre os autores

Francisco Gaetani é doutor em Administração Pública pelo Departamento de Governo da London School of Economics and Political Science (LSE) e Especialista em Políticas Públicas e Gestão Governamental (EPPGG) pela Escola Nacional de Administração Pública (ENAP). Atualmente, é coordenador do Mestrado Profissionalizante da Escola Brasileira de Administração Pública e de Empresas (EBAPE/FGV), presidente do Conselho de Administração do Instituto Republica.org, fellow do Instituto Arapyaú e do Centro Brasileiro de Relações Internacionais (CEBRI), consultor e conferencista, além de professor permanente do Instituto Rio Branco e da ENAP. Gaetani trabalhou no Programa das Nações Unidas para o Desenvolvimento (PNUD), tendo ocupado, entre outros, os cargos de responsável pela área de governança e de coordenador-geral das ações do PNUD no Brasil. Na administração pública federal, desempenhou cargos de secretário-executivo, secretário-executivo adjunto e secretário nacional de gestão do Ministério do Planejamento. Foi também secretário-executivo no Ministério do Meio Ambiente. Teve passagens pelos Conselhos de Administração do Banco do Brasil, do BNDES, da Finep, da EPE, da Eletronorte, e do Hospital das Clínicas de Porto Alegre. Hoje, integra o Conselho de Sustentabilidade do Banco do Brasil, o Conselho de Administração da Fundação Brasileira de Desenvolvimento Sustentável e da Maranta.

Miguel Lago é cientista político e estuda a interseção entre tecnologia, democracia e políticas de saúde. Leciona atualmente na School of International and Public Affairs da Universidade de Columbia e na École d'Affaires Publiques de Sciences Po Paris. É diretor-executivo do Instituto de Estudos para Políticas de Saúde (IEPS) e, antes disso, foi cofundador do Meu Rio e diretor-presidente do NOSSAS, uma organização de tecnologia cívica, referência na América Latina.

Escreveu em coautoria os livros *Linguagem da destruição: A crise da democracia brasileira* e *Do que falamos quando falamos de populismo*, ambos pelo selo Companhia das Letras. Seus artigos já foram publicados em jornais e resvistas de grande circulação, entre os quais *The New York Times, Le Monde, El País* e a revista *piauí*.

Em 2019, Miguel foi nomeado uma das cem pessoas mais influentes em governo digital no mundo pela organização britânica Apolitical.

República.org é um instituto que se dedica a melhorar a gestão de pessoas no serviço público do Brasil. Por meio de uma filantropia apartidária, não corporativa e antirracista, o instituto vem, há seis anos, desenvolvendo e apoiando iniciativas centradas na valorização dos profissionais do setor. Nos mais de duzentos projetos em que esteve presente, contribuiu para o avanço da cultura de inovação, para o fortalecimento do espírito público e para o reconhecimento de gestores em todas as esferas de governo. Conectou e qualificou lideranças, disseminou conhecimento junto a especialistas da administração pública e lançou luz sobre pessoas que atuam com excelência para a entrega de serviços que possam refletir os anseios e a diversidade da população.

© Editora de Livros Cobogó, 2022

Editora-chefe
Isabel Diegues

Editora
Julia Barbosa

Gerente de produção
Melina Bial

Revisão final
Eduardo Carneiro

Projeto gráfico e diagramação
Mari Taboada

Capa
Daniel Trench

Nenhuma parte desta obra pode ser reproduzida, adaptada, encenada, registrada em imagem e/ou som, ou transmitida de nenhuma forma ou por nenhum meio sem a permissão expressa e por escrito da Editora Cobogó.

CIP-BRASIL. CATALOGAÇÃO NA PUBLICAÇÃO
SINDICATO NACIONAL DOS EDITORES DE LIVROS, RJ

G124c

Gaetani, Francisco
A construção de um estado para o século XXI / Francisco Gaetani, Miguel Lago.- 1. ed. - Rio de Janeiro : Cobogó, 2022.
256 p. ; 21 cm.

ISBN 978-65-5691-089-5

1. Administração pública - Brasil. 2. Políticas públicas - Brasil. I. Lago, Miguel. II. Título.

22-80864 CDD: 351.068
          CDU: 351(81)

Gabriela Faray Ferreira Lopes - Bibliotecária - CRB-7/6643

Todos os direitos reservados à
Editora de Livros Cobogó Ltda.
Rua Gen. Dionísio, 53, Humaitá,
Rio de Janeiro, RJ, Brasil — 22271-050
www.cobogo.com.br

2023

1ª reimpressão

Este livro foi composto em Calluna.
Impresso pela Imos Gráfica e Editora,
sobre papel Offset 75 g/m².